個民建聯人的故事

民建聯 著
郭金鋒 採編

責任編輯：黎耀強
印務：劉漢舉

出版
中華書局(香港)有限公司
香港北角英皇道499號北角工業大廈1樓B
電話：(852) 2137 2338
傳真：(852) 2713 8202
電子郵件：info@chunghwabook.com.hk
網址：http://www.chunghwabook.com.hk

發行
香港聯合書刊物流有限公司
香港新界荃灣德士古道220－248號
荃灣工業中心16樓
電話：(852) 2150 2100
傳真：(852) 2407 3062
電子郵件：info@suplogistics.com.hk

印刷
美雅印刷製本有限公司
香港觀塘榮業街6號海濱工業大廈4樓A室

版次
2022年12月初版
©2022中華書局(香港)有限公司

規格
16開 (230mm × 170mm)

ISBN
978-988-8809-36-3

30個
民建聯人
的故事

目錄

曾鈺成序

民建聯人的故事，
就是民建聯的故事。

今年中出版的《正道——民建聯三十年》，給讀者鋪陳了民建聯發展的道路。現在這本《30個民建聯人的故事》給讀者展示的，是一批因「志同」而「道合」的人，在這條道路上並肩前行的過程中，各自經歷過的成敗得失、感受過的喜怒哀樂。他們的故事說明，民建聯不只是一個堅持真理、堅守理想、講求紀律的組織；她更是一個由很多來自不同背景、關注不同問題、帶著不同訴求但都懷著一腔熱血的人們所組成的複雜的機體。他們並沒有因為成為「民建聯人」而失掉了自己的個性；正是因為民建聯人既有堅定一致的理念，又有五光十色的個人特徵，才造就了民建聯的抗逆力、應變力和包容性，讓她能夠在不斷的集體探索和學習中茁壯成長。

　　三十年來，我們看到民建聯贏得愈來愈廣泛的支持和肯定，但也聽到過不少對民建聯的揶揄和質疑。例如在民建聯成立之初，有人說：「支持民建聯的都是老年人，沒有年輕人。」又說：「參加民建聯的都是低學歷的基層人士。」到民建聯在議會裏的席位多起來，並且有成員獲任命為政府官員的時候，又有人說：「加入民建聯的人，都是想佔便宜，爭『上位』。」另外，不時會有人問：「加入民建聯，是不是要放棄表達個人意見的自由？」「民建聯是不是論資排輩，新人難有出頭的機會？」

　　這本書裏的30個民建聯人，用他們真實的故事回答了這些疑問和猜測。

王齊義　朱麗玲　呂堅　巫成鋒　李世榮

林琳　施永泰　洪志傑　胡健民　梁熙　莊展銘　許正宇

郭芙蓉　郭玲麗　郭詠健　陳仲尼　陳百里

陳勇　陳凱榮　陳學鋒　黃定光　黃俊碩　黃英豪　葉文斌

劉天正　劉佩玉　劉國勳　顏汶羽　譚肇卓　Anita

01 王舜義

新世代的淘金者

2003年7月1日下午，香港爆發了當時最大規模的遊行示威。

「社會怎麼變成這樣子！」目睹這一切，王舜義心中有一團火在燃燒，他不知道香港到底哪裡病了，只知道為了這個養育他成長的地方，自己必須要做些什麼。

7月4日，遊行之後的第三天，王舜義果斷的加入了民建聯，他希望能通過這一個新的平台，為香港燃燒自己的火焰。

「我覺得，無關對錯，但個人的政治參與度應該高點了。既然社會如此，而我又有著愛國思想，那我不如加入愛國政黨，表達我的觀點。」

轉眼之間，十八個春秋已然逝去，王舜義也已晉身民建聯的領導層了，出任民建聯的秘書長外，更身兼離島支部主席。但王舜義依然是王舜義，當年的那團火仍在燃燒不熄。

王舜義是土生土長的香港人，曾在國泰航空公司工作超過42年，並出任人力資源總經理、集團總監的職務，在人才評審、培訓和發展方面具有豐富的實戰經驗。

談起自己的求學經歷，王舜義笑言「讀書的經歷、年數多過任何人」。他從中學起就讀過很多不同的學校，有日校、夜校、職業訓練學校等等，過程曲折，但他從未放棄繼續升學，後升至理工學院讀電機工程。王舜義表示，當時壓力特別大，自己每次考完試都要生一場病。「當時讀夜校很辛苦，因為白天還要上班。而且電機工程很辛苦，要求很高。但自己因為喜歡，因此一直堅持讀下去。」

1978年，20歲的王舜義開始在國泰航空公司工程部工作，為了增值自己，他一邊工作一邊進修，在公司的贊助下，他攻讀了香港大學工商管理碩士，並進入了國泰的潛力人才梯隊。

社會事件下的愛國者

從小在香港長大，從未受過愛國教育的王舜義，卻有著濃濃的愛國情懷。「我覺得應該是在我工作的時候，身邊很多同事、朋友都是很愛國的。」王舜義許多工科的同事，過去參與的工會活動較多，他們時常在聊天時與王舜義分享關於社會主義、解放前後、抗美援朝等的歷史。王舜義自己亦透過閱報吸收不同的資訊，逐漸在心中種下了愛國的根，並茁壯成參天大樹。

就是由於 2003 年的那場大遊行，激發了他加入政黨的決心。「我是一個草根出身的人，我自己也想加入一個比較貼地的政黨。」民建聯是他的不二之選。由於之前結識了葉國謙和曾鈺成，遂在二人的推薦下加入了民建聯。

一開始，王舜義僅是民建聯的一名普通會員，但民建聯舉辦的許多活動、講座吸引了他參與。「他們經常邀請很多名家，葉國華、譚惠珠、劉佩瓊教授等等來分享，而黨內也設有政策委員會。」王舜義積極參與黨內活動，個人對社會議題的了解愈來愈多，參政議政的觀念也不斷升級。到了 2005 年，王舜義已經成為了民建聯中央委員。

有一次，民建聯在廣州舉辦集思會，王舜義與時任主席馬力同車，馬力問起他未來希望在黨內發展的角色。王舜義思索過後，回答，「做人力資源管理。」這是王舜義積累了多年工作經驗的職業，是他最擅長的。而他本人亦從來沒有將參選或者加入政府作為他的選項，因為他擁有一份不錯的工作。

王舜義認為，隨著政黨不斷地發展壯大，未來會員也會愈來愈多，更加需要人力資源的優化以及優秀人才的培訓。「那我在這方面應該可以有點貢獻。」

2010年，王舜義在公司遇到發展的機會，升任人事總經理，事務愈發繁忙，遂請辭了民建聯的中常委及副秘書長的工作。但由於他工作的地方在機場，不同場合下接觸到的人很多，因此仍留在民建聯離島支部，並擔任副主席。

　　「儘管沒有在民建聯做中常委或者副秘書長，但那時都仍然以民建聯的身份在做一些關於社會的事。最難忘的就是會認識很多人，對於一直在企業內工作的我是一個難得且難忘的經驗。」

　　王舜義在離島支部工作時發現，在企業工作的心態與落區同市民接觸是完全不同的兩回事。「在地區工作需要特別的come over，需要主動同市民打招呼、聊天，主動發現他們有沒有什麼問題。」

　　同時王舜義發現，在離島支部的地區工作與市區也有很大不同。離島區作為香港十八區中面積最大的一區，由眾多島嶼組成，例如大嶼山、長洲島、南丫島等等。因此這裏的樓宇稀疏，不似市區樓宇相隔十分之近。「而物價又貴，舖頭供應也不足夠。」

跨階層的領航員

　　王舜義自2019年起出任民建聯的秘書長，但他秘書長的職務，並非如總幹事那樣的屬於「大內總管」一類，說穿了，他更像是民建聯跨階層工作的領航員，他的主要工作便是做跨階層發展及人才培訓。

　　「社會與市民普遍認可民建聯的基層工作，民建聯的同事們與街坊的關係亦十分融洽。民建聯目前不斷擴大服務網絡，在跨階層方向仍有很大發展潛力。」

　　王舜義認為，跨階層工作其中對象之一是中產或以上人士。「中產與基層市民的需求完全不同。他們不需要民建聯去幫他做一些很基礎的東西，派送物資、幫助申請服務等等，這些他們自己能完成。中產的需求其實更闊，集中於政策、社會管治的合理性、意識形態等。」

　　如果說基層治理是治港體系的末端前線，那麼中產就是香港社會發展的中堅力量。按照寬泛標準，香港有超過五成人口屬於中產階級，但幸福指數卻並不高，亦有人調侃中產實為「中慘」。

根據王舜義的觀察，他認為目前中產階層主要面臨著幾個重要的難題，包括房屋、醫療、子女教育及長者照顧者的問題。中產階級也會在這些方面提出要求，如何回應中產的這些要求，避免使之成為「房間裡的大象」，是對民建聯轉型跨階層發展提出的新要求，過往「利民之事，絲髮必興」的基層經驗不可全盤套用。

「我目前集中做跨階層的工作，但是需要很多配合，例如政策上、方向性、研究、社會聲音的配合。在這一方面，民建聯有很大的空間去發展，如果在這些方面能做得好，民建聯的光譜就會寬很多。」

但他坦言，跨階層工作是艱難的任務。「在馬力主席的時代就已經開始談，但目標至今未完成。」而在經歷2019年社會事件後，社會矛盾凸顯，且非黑即白，不論民建聯做什麼都會有反對的聲音，跨階層工作愈發艱難。「現在情況有所改善，應該可以做好些，民建聯除了照顧基層市民外，應該做一些中產感覺到他們可以得益的事情，繼而得到他們的認同。」

為民建聯「淘金」

濟濟多士，大業方成；人才蔚起，港運方興。人才是政黨創新發展的原動力，誰能遴選和培養更多優秀人才，誰就能在競爭中佔據更大優勢。作為擁有超過20年跨國企業人力資源的豐富管理經驗的王舜義，自然也擔起了民建聯人才淘金者的重任。

2021年2月，民建聯提出了「變革香港」的倡議，並強調特區需要強化管治能力並培養管治人才。隨後，2021年6月5日，民建聯舉辦了「政道」治政理念研習課程的開學禮；2021年6月11日，民建聯推行「賢路」人才甄選計劃，一連三日進行黨內人才甄選。

「最初的目的是要建立起以民建聯為中心的，香港本土的人才梯隊。目前的人才培訓以我原本做人力資源管理時的框架為基礎，並逐步完善。因為如果等到整個框架成熟後才推廣，可能就已經與社會脫節。」王舜義說。

最先推行的「政道」主要通過邀請政界、商界、管治界的專家舉行講座，分享經驗。在課程的設計上主要以宏觀的角度，對中國內地、香港的未來發展定位作探討及學習。

民建聯認為，這樣的活動不應拘泥於民建聯成員參與，因此放開給不同渠道的社會各界共同參與。「政道」也確實引起了各方各面的關注，吸引了各界愛國愛港人士踴躍報名，並從最終報名的359人中錄取了70人，當中有39人為非民建聯成員。「這個挑人的過程其實是很難的，也很複雜。」

王舜義說：「根據最終參與的數量及質量而言，我覺得這個活動十分成功。教授、學員的反饋都很不錯，儘管大家本身都有工作，但都很認真參與。很多學員都問我，你們什麼時候會再舉行第二期？」

千淘萬漉雖辛苦，吹盡狂沙始到金。民建聯另外一個人才培訓計劃──「賢路」人才甄選計劃，是在完善選舉制度後推出的，因為在愛國者治港的前提下，香港社會需要多些參政議政的人才。王舜義表示，「賢路」計劃的目的是選出黨內有志參與公共管治的、才能與品德兼備的治政人才，加入民建聯的人才庫中。

「賢路」相比「政道」來說較為複雜，學員們要經過一系列的培訓及考核，他們除了要參與培訓課程外，也要寫文章、做報告、參加辯論等。「賢路」第一班共有55人報名，錄取了26人，第二班則從48人中錄取了24人。在目前的政治環境下，這些學員已經有不少成為了立法會議員。

　　「之後我們也會繼續甄選，不斷壯大人才庫。最大的目的是要培養不同的人才參與社會管治。」

　　多見者博，多聞者智。「政道」、「賢路」後，2021年8月，民建聯舉辦「私塾」讀書會，「從政如果不讀書，就很難做得好。」希望能通過讀書會的感想交流、頭腦風暴，拓寬成員的思維方式及管治思想的高度。

　　在王舜義的規劃中，這幾個計劃僅是民建聯的人才培訓的先導計劃，反響不錯的項目將會持續做下去。目前王舜義正在研究與大機構合辦「政道」、「私塾」計劃的可能性。一方面幫民建聯吸引不同的人才，同時也希望通過民建聯的努力，讓社會各階層的青年能有更多機會獲取參政議政的資訊，構建良好的政治氛圍。

　　選舉制度完善後，香港由亂轉治，方興未艾，這對未來民建聯治港人才亦提出不同要求。王舜義認為，民建聯未來需要發展更多在政

策上有獨到見解的人才，不論是在政策的制定、執行、溝通的每個環節，「作為一個從政者，一定要知道社會在發生什麼事，要知道不同階層市民的需求。從政者需要做的、社會需要的，我們都要培訓。在新管治環境下，需要我們利用過往經驗結合新世情，不斷推陳出新。」

2009年兩件難忘的事

　　能出任民建聯秘書長，對於並非「根正苗紅」的王舜義來說，這是對他的一種肯定，更說明了民建聯是民思開放的政黨。「我入黨的時間說長不長說短不短，或者是其他持份者認為我參與度高，方向也和民建聯一致吧。」

　　王舜義說，入黨以來他參與了很多民建聯的工作，有兩件事他至今印象深刻。

　　一件事發生在國慶六十周年的時候，時任民建聯副秘書長的王舜義，以民建聯的名義在尖沙嘴舉辦了一場「紅色搖滾音樂會」，這是首次以搖滾音樂演繹傳統紅色愛國歌曲，表達愛國情懷的活動。音樂會邀請了香港搖滾樂之父夏韶聲及樂隊「Ever」等人，深圳「根據地」文化區也邀請了樂隊來港參與，其中演唱的「紅歌」包括「社會主義好」等。

此次紅色音樂會現場亦有反對派過來衝擊搗亂、唱對台戲，但並未發生肢體碰撞。「活動很成功，引起了媒體的廣泛關注，甚至有德國的媒體特地過來採訪。」

王舜義認為，這是一次很大膽創新的嘗試，也多虧民建聯開放的態度，才能從頭到尾促成此次紅色搖滾音樂會的成功舉辦。

另一件事同樣發生在2009年，那就是反對派鼓吹「五區總辭」時，「我極力反對去參選的，而民建聯也聽到了我的反對聲音。」王舜義說，個人出身並非根正苗紅，仍然受到民建聯的重用，更證明了民建聯有很大的包容性。

令市民分享國家發展的紅利

今年是民建聯成立三十周年，也是王舜義加入民建聯的第19個年頭。雖然現在的社會氛圍和2003年有所不同，王舜義內心的那團火依然在燃燒。

他表示，民建聯作為香港最大的愛國愛港政黨，能做到的就是慢慢影響市民的心態，令香港和國家之間更加融合，利用香港的國際地位走出一條光明大道，最終令香港市民都分享到國家發展的紅利。這是他作為民建聯秘書長的心願，他也深信，在不久的將來，這個願望一定會實現。

02 朱麗玲

低潮時入黨
專啃「豬頭骨」

民建聯

掃描二維碼觀看訪談

作家三毛說過，我們一步步走下去，踏踏實實地去走，永不抗拒生命給我們的重負，才是一個勇者。在民建聯眾多兄弟姐妹們的眼中，朱麗玲正是這樣一位能擔重負，能做他人不願做之事的勇者。

1998年，朱麗玲於香港城市大學修讀公共政策學系。從小對運動充滿興趣的她，自中學時期便已加入學校的排球隊、籃球隊等。在大學期間亦加入了城大的籃球隊和跆拳道隊，並很快在跆拳道上獲得了不錯的成績。於城大畢業後，更因為在公開賽上獲了全港數一數二的好成績，順利進入了港隊，並代表香港在亞洲國家如泰國、菲律賓，以及台灣和北京等地區參賽，這些都曾經是她揮灑汗水，奮力拼搏的地方。那段日子，對她來說，是開心和滿足的。

或許是天生運動細胞的使然，朱麗玲是一個停不下來的人。當時她除了港隊的訓練外，亦正在大學攻讀公共行政學士課程，更要兼顧溫悅昌議員辦事處助理的工作。「還記得當時幾乎每天放工後都要練習或上課，雖然過程很辛苦，但從沒有想過放棄。刻苦的練習令我變得更堅強、更有耐力，亦不會輕言放棄。」

從跆拳道高手到跨入社區加入民建聯並非意外，而是自大學畢業後就縈繞在朱麗玲腦海中的一個想法。「其他政黨當時雖然發展得不錯，但我完全沒有考慮過加入他們，因為理念完全不一樣。」朱麗玲幼時一直在天主教女子中學讀書，對於國家觀念與民族精神其實沒什麼概念。直到中五轉入漢華中學，那裏的學習氛圍及文化對她造成了很大的衝擊，朱麗玲直言，「在漢華中學讀書的三年，很大程度上影響了我的思想理念，也堅定了我的愛國思想。」

談起當初如何加入民建聯的往事，朱麗玲不禁笑了起來，「我真正加入民建聯是因為一個機緣巧合。」2001年大學畢業後，朱麗玲主動寫信投遞簡歷表應徵將軍澳民建聯支部，時任支部主席溫悅球與其弟，同為建制派的公民力量的溫悅昌一起與朱麗玲面談。而兩兄弟經過商議後，朱麗玲加入了溫悅昌議員辦事處工作。這期間因為將軍澳公民力量與民建聯的合作關係，她也一直和民建聯將軍澳支部保持著密切交流。

2003年，七一大遊行爆發，可以說是正值民建聯的最低潮，社會政治氣氛令民建聯在同年的區議會選舉中大敗。但這並未使朱麗玲退縮或恐懼，她僅僅是覺得「這條路是正確的，就不會考慮其他」。

人生當如是：志之所趨，無遠弗屆，窮山距海，不能限也。多年訓練跆拳道的艱苦精神一直支撐著她不斷前行。她形容自己，只要認定了一條路，就會不斷地前行，不會受其他外界因素的影響。她認同做事跟跆拳道訓練沒什麼不同，失敗，那就反覆、反覆、再反覆地去做。2004年，也就是民建聯區議會大敗後的低潮時期，朱麗玲再次應徵，而這一次，她成功加入了民建聯葵青支部，正式展開了她在民建聯的地區工作。

深耕社區八年，「小花」硬撼大樹

　　常言說，是金子總會發光的。2009年的時候，長期在葵青區擔任地區統籌幕後工作的朱麗玲，做出了她人生中最重要的一個決定——參選兩年後的葵青荔華區區議會選舉，對手是民主黨「大佬」之一的李永達。「其實我克服了很大困難，從幕後走向幕前。我不是一個很喜歡說話的人，不是很擅長表達自己。」

　　朱麗玲回想起當時為何決定參選，不禁無奈地笑了起來：「之前都是幫別人參選，一直都沒有想過自己要參選。但（民建聯）當時找不到人參選。」荔華位於葵青最為偏僻的地方，一開始民建聯在此甚至沒有辦事處。時任支部主席的羅競成不斷地游說她，讓她去打、去試試。朱麗玲收到這「不可能的任務」時，也並未以勝選作為目標，只想著不論如何，反正是去落區，一切從零開始，為市民做點服務也不錯。

　　時任民建聯主席的譚耀宗初次見到朱麗玲時，對她印象並不太好。譚耀宗坦言，感覺她接觸居民時比較「怕醜」，做地區工作亦不夠主動，猶疑過她是否能獲得市民的認同。然而兩年後於朱麗玲的選區

再見這個小妮子時，她已與區內街坊市民打成一片了，街坊名字皆能叫得出。她雖怕醜卻並不「怕事」，自從她落區後，將訓練跆拳道的艱苦精神延續到社區服務中，落實民建聯「民生無小事」的實幹理念。

因此雖是首次參選，但朱麗玲卻絲毫不懼。自己雖不擅表達，但兩年來務實的地區工作，居民有目共睹。據說當時的區議員李永達未能傾聽居民需求，辦事處更是只限星期一、三、五開放幾個鐘，由助理坐陣。街坊多只是在電視螢幕上見到他，雖然知名度較高，但街坊接觸朱麗玲的時間比其多出數倍，更形成了事無大小皆向她求助的習慣，什麼家庭問題都找她解決。她笑言，「街坊把我當成女兒、孫女看待，他們見到我要參選，日日都擺街站，都擔心我會不會很辛苦。」

2011年11月6日，選舉當天，朱麗玲一大清早便到荔華選區拉票。儘管胸有成竹，但初戰區議會選舉的她也不由得有些緊張。然而來自街坊的支持消融了她所有的緊張與擔憂。相熟居民前來為她加油打氣，不少街坊在為她投完票後，路過甚至主動要求幫她助選。

顯然，朱麗玲用自己的踏實服務贏得了街坊的信任與支持。2011年11月7日，選舉結果公佈，朱麗玲以1,923票一舉擊敗李永達。民建聯「小花」一戰揚名。

連任失敗：社會浪潮中的逆流小舟

2019年，全港掀起反修例風波。自2012年起連續兩屆擔任葵青荔華選區區議員的朱麗玲連任失敗。朱麗玲不諱言，「其實從來沒有想過會輸，經歷了這麼多年的服務，我自己覺得都挺扎實的。」她從未想過政治衝擊如此巨大，但由於當時的政治大環境對於支持政府的建制派而言十分惡劣，因此雖然輸了但並未感到太大的失落。那一年，很多資深的建制派議員都不幸落敗。

「老實說，同事很多都敗選，對我們都有很大警示。」朱麗玲坦言，那樣的政治環境下有很大的壓力，甚至在擺街站時遇到有人投擲白色粉末。「我們都很擔心受到衝擊。當時都要有兩個男士在旁邊幫忙留意周圍環境。甚至有不少兄弟的辦事處被人毀壞。」

即使在這種情況下，朱麗玲與民建聯的兄弟姐妹們依舊出來開街站，堅持服務。

地區工作變化大

十多年來服務社區，朱麗玲坦言，現時的街坊與過往有所不同。以前的街坊會更信任她們這些地區工作者，不論什麼活動都願意參加，也不避諱把電話地址等聯繫方式交給他們。但近幾年來，街坊更加注重個人訊息的保障，對於提交個人資料更是十分避忌，這對地區工作增加了難度。

另一方面，現在街坊的訴求比以前更多了，解決難度也更大了。「以前都是很小的事情，可能寫幾封信就可以解決問題。但現在就可能有一系列的問題等你去解決，例如家庭問題、上樓問題等。歸根結底，其實他們身上都有很大壓力，或者有些精神困擾，所以需要的支援都更加多了。」

專啃「豬頭骨」

2021年，朱麗玲首戰立法會社會福利界選舉，以872票落選。提到這段艱難而又記憶猶新的歷程，朱麗玲仍有些悵惘。社福界對於民建聯而言其實是一塊空白的領域。「要在民建聯內部找一名有社工背景

的人出選並不容易。每一個人都有自己的工作，變成了要抽調一個人去一個很空白的領域裡。事實上，這個任務非常艱鉅，並非每一個人都願意接的。那唯有我去做吧。」

就這樣，朱麗玲又接下了這一個艱巨的「豬頭骨」任務。但留給她準備選舉的時間並不多，一個月，可以做什麼？

在訪談過程中，儘管朱麗玲不斷強顏歡笑，但隨著訪談的深入，令她回想起此次選舉的艱辛，如何堅忍不屈的她也不禁落淚。箇中辛酸不為外人道苦楚，相信只有當事人才能體會了。

作為註冊社工的朱麗玲儘管一直在社區前線服務，但短短一個月時間內，她需要接觸社福界的各位資深代表，需要聯絡不同的社福團體，需要了解對她而言有點陌生的業界運作和需求。這一切都是全新未知的挑戰。

這段經歷也成為她在民建聯十多年來最難忘的經歷。選舉期間，一向不擅表達、埋頭苦幹的她要面對尖銳的媒體訪問，政治論壇上激烈的針鋒相對。儘管說很艱難，但談起這個克服的過程，朱麗玲仍難掩興奮。「你要熟悉議題，才可以講出來，才可以同人爭論。我一開始時，要偷偷帶著講稿才可以回答問題，到最後幾次就可以完全不用稿子，也可以給對手壓力了。」她享受克服困難的過程，而從中成長了許多。

人生總抱有希望，其中一個希望是，從哪裡跌倒，就從哪裡爬起。朱麗玲表示，落選後仍會繼續同社福界的朋友接觸，民建聯在這方面接觸較少，始終需要人來「開荒」。社會福利界實際上是一個龐大而重要的範疇，其包括了老人、青少年、婦女、幼童、單親、傷殘等等，是民建聯未來工作推進中不能忽略的一項服務範疇。「現在保持聯絡，未來怎樣做，慢慢推進，慢慢做就會知道了。」朱麗玲樂觀道。

民建聯三十周年：「小花」風雨相伴

歲月見證了「小花」從「含羞」到盛放，從不擅表達到專啃「豬頭骨」。朱麗玲加入民建聯近20年，亦見證了民建聯的快速成長。過去支部同事寥寥無幾，義工都不多；如今整體動員力量壯大了，向心力凝聚了；過去只聚焦於服務，如今方向轉變到政策倡議。

「這都是大家一齊打拼出來的。」朱麗玲感慨。民建聯的同事間大家都齊用心、用力、用時間，幕後的同事也付出了許多，才能有如今的成就。

從事近20年的地區工作，得與失只有當事人才有深刻的體味。朱麗玲也不例外，每個階段，她都在民建聯獲得了不同的學習經歷。但多少有點唏噓的是，她至今雲英未嫁，雖然接受這是不少女性從政者要付出的代價之一，但言談間那份淡淡的哀愁總是難免的。可喜的是「小花」依然，「勇者」仍在。

朱麗玲現在是民建聯執委兼葵青支部主席，她絲毫不懷疑政黨的未來發展，「整個民建聯都在一齊成長中，我相信民建聯未來可以做出更好的服務。」

03 呂堅

行走的
政策圖書館

▶ 民建聯

掃描二維碼觀看訪談

他一直顯得有些寡言少語，儘管臉上總掛著微笑，但當話題聊到民建聯的政策研究時，霎時間，像一把神奇的鑰匙打開了他的話匣子，略顯得有點悶的他，突然眼中有了光，變成了滔滔不絕的另外一個人。

　　這就是呂堅，與民建聯相識同行30年，更一直從事政策研究工作，對於政策倡議的研究之廣之深，堪稱民建聯行走的政策圖書館。他可以不假思索的將一切從無到有、從有至精的過程以波瀾不驚的語調娓娓道來。

　　「我是在1996年的5月1號，勞動節，入職民建聯的。」提起與民建聯的相遇，呂堅仍歷歷在目。

　　就讀於愛國學校的呂堅自中學三年級開始就已參與助選工作，一直到大學畢業，這使他結識了民建聯的許多創會成員。大學畢業後因他對政策研究的熱愛，順理成章地進入了民建聯進行政策研究工作，擔任立法局議員顏錦全辦事處研究助理。他平日要做的，就是與立法局的文件打交道。

　　1998年譚耀宗前往新界西直選，借調呂堅過去幫忙。選舉結束後，呂堅留在譚耀宗辦事處，這一做，就做到2016年譚耀宗從立法會退休。之後呂堅改行做中國律師，但仍一直協助民建聯黨務，2017年至2021年擔任民建聯政策委員會主席一職。

　　「足足二十年，在立法會。」這二十年在立法會的工作，主要分為立法會的政策研究以及地區工作兩部分。呂堅參與的多次立法會選舉，每一次都有新的挑戰，「挑戰最大的一次是2012年民建聯在新界西拆了三支隊伍參選。」

香港早期政策的範式轉變

香港回歸前，民建聯成立初期對自身的定位是溝通香港與內地，希望促成香港的平穩過渡。「所以在協助香港和內地的溝通，反映意見及政策方面，民建聯有獨家優勢。」

1997年香港回歸後，特區政府逐漸改變過去在港英殖民式管治下的政策，「民建聯在這個範式轉移上起關鍵性作用，例如香港與內地的關係、福利制度等等。」

當時，在立法會眾多政黨中，只有民建聯堅持不懈地在推動香港與內地的合作。「由早期協助供港蔬菜，到之後的蔬菜安全、豬隻安全問題，1998年禽流感，還有東江水。」

從推動單一的項目，到推動內地與香港的深度融合，民建聯做的相關研究報告愈來愈多。民建聯每年都會推出新的研究方案，「例如2010年，我們已推動大灣區發展研究。」「可惜這方面的建議政府是真的不會聽的。即使到曾蔭權的年代，他們是不想去推動的。」

民建聯政策提出的路徑也在不斷演變，「內地與香港關係的部分，透過向中央政府提交意見書，人大參與提案等方式。」呂堅回憶1997年之前，儘管民建聯的人大政協成員並不多，但都積極向相關部門提交意見書。而在回歸後第二次的人大選舉後，開始有了公開提案機制。到2002年後，民建聯開始推出一本本的政策建議書。

「這些政策意見的真正落實，那就要進到政府裡面才能真正推動到。」呂堅舉例表示，香港長者福利政策的大轉變正是民建聯的整體構思落實到政府政策中的一個體現。

「1997年，譚先生（譚耀宗）做安老事務委員會主席，經歷半年多的收集意見、整理報告等工作，最後的計劃不僅在董建華任內7年內推行，即使在曾蔭權的時候都延續了下去。回歸前，放在安老部分的支出大概僅有20億元，如今一年就有200億元以上。」

深耕地區，方知政失

知屋漏者在宇下，知政失者在草野。呂堅深知做政策研究不能離地，唯有深入社區開展調查研究，才能準確了解市民所思所想。

2002年底，一直從事政策研究工作的呂堅，主動要求參與元朗區服務，「一直在寫字樓內有點無聊，而且我覺得落區對我了解區情，對做政策研究有好大幫助。」在2003年初，呂堅因而正式填表成為了民建聯會員。自此他工作之餘堅持做地區服務，並自2007年起，連續三屆當選元朗豐年選區的區議員。

十幾年的地區服務生涯中，呂堅在新界西地區開創了民建聯全區規劃建設的先河，「不再是以一個小區一個小區來做，而是以整個行政區來做。」民建聯團隊在每一次的區議會選舉中，都能夠提出全區規劃發展的議題。

呂堅表示，這樣整體規劃有三個好處。首先，團隊能夠對全區形成完整的規劃發展主張。第二，由於有了團隊的協作，不再需要單打獨鬥。「就某一個議題，我們找一批專業的人一起做，完成之後大家共享成果。」而當區的參選人，主要負責發言、講解、推銷。這樣也提升了發言內容及水平。第三，社會接觸層面也擴闊了。而這一套整體規劃的模式，得到了譚耀宗、張學明的認可，「他們都認為應該這樣做，給了我很大的空間。」

呂堅做地區工作，從不拘泥於自家門前的一畝三分地，「我們如果只是着重街坊保長，做老人家的票源，這樣是做不長的，而且居民的認同度不高。」

他轉變地區服務的思路，從居民角度出發，思考研究如何改變整個社區環境。在有了這個方向後，呂堅帶著新界西團隊在2007年開了一個好頭。「2007年開始，2011年，直到2015年，這三屆我們都有對應的全區規劃發展的議題。而這些議題全部延續到緊接的第二年立法會選舉，成為選舉工程的一個亮點，也是之後任期內的重點工作。」

呂堅認為，這樣的全區發展規劃，使民建聯不再局限於民生服務，而能從政策層面提出真正能惠及大眾的想法和意見。雖然民建聯過往的地區服務也有幫助市民改善環境的舉措，但由於較為零散，因此給居民的整體觀感並不強。而透過這樣的總體規劃，不僅水平提升了，也加深了市民對民建聯的整體印象。

呂堅在元朗服務的十幾年間，其中一項主力是元朗區行人環境的改善，「有二十多處進行了行人路的擴闊，增加了行人天橋、行人電梯等。」而這些工程，令當區居民印象深刻。

　　呂堅表示，許多事情靠地區自己的資源難以達成，這時便需要立法會的角色帶領，「要形成區議員，加立法會議員，加專業人士，聯合起來商討區域發展計劃的模式。」這樣的模式在元朗、屯門及荃灣區試點成功後，2011年選舉時民建聯開始在其他區全面鋪開。「民建聯有個好處，這個區的優點，其他區可以馬上分享，跟著做。」

　　2019年，香港的「黑暴」中，元朗地區備受衝擊。「我覺得整個社會氣氛變成了兩邊的對峙，社會上仇恨無緣無故地滋生出來，難以平心靜氣地商談，這個才是最可怕的。」

　　呂堅開設街站時，路過的反對派也會罵、會搗亂。「不過我們做這一行的，是不會怕的。」在當時那樣的社會氛圍下，呂堅感受到了濃濃的責任感，「一定要撐住政府，撐住警隊。我們不撐住警隊，整個社會會塌的。」

備受關注的721事件，元朗成為全港的焦點。身為元朗區撲滅罪行委員會主席的呂堅很憂心當日的局勢，「警方當日真的是大意了，沒有足夠的人手及早平定衝突，因為很多人手都調去了高危的港島。」

2019年的區議會選舉，呂堅未能成功連任。但這完全打擊不了他繼續為民出策的決心，「因為那些人不是不認同我們地區的工作，而是因為一時的大環境，覺得要給點顏色政府看。這是他們一種政治表態。」

做政策，不僅是一份報告

立善法於天下，則天下治。每一次政策的制定，都是地區命題的回應，市民智慧的匯聚，地區建設的提升。「那時候譚先生立法會辦事處什麼都不多，就是書最多。」呂堅開玩笑道。

「我們要參選立法會、區議會，就要回應市民的需求。市民心中想什麼，對政府哪些政策不滿意，那我們便要去修改。」從而做到對地區問題的精準施策，靶向治療，是最行之有效的政策研究機制。立法會議員對於政策研究的主導性亦十分重要。呂堅表示，作為一個立法會議員不能不提政策，「如果純粹有個案就接個案，政府文件公佈了我就做回應，這樣是行不通的。」作為優秀的立法會議員，應當積極發揮主觀能動性，積極發現問題所在。「這方面，就我自己所看，民建聯在2021年新建立政策倡議人制度之前，做得最有系統、做得最好的就是葛珮帆。」

呂堅表示，在過往沒有政策倡議人的時候，民建聯做政策研究最大的不足之處在於延續性不強。許多研究報告做完後沒有專人去跟進，如同蜻蜓點水。「一定要有個倡議人，並且從頭跟到尾。」

政策研究既要廣又要專

今年是民建聯成立三十周年，作為民建聯的資深會員，呂堅見證了民建聯經歷的風風雨雨。民建聯三十年來不斷壯大，會員不斷增加，在政府體制內的影響力增加了。「隨着民建聯倡議的政策成為政府的施政措施，整體政黨的形象提升了。」

呂堅說，民建聯是一個有活力的，善於自我學習、自我提升的政黨。他希望未來民建聯在政策研究方面既要廣又要專。

民建聯過去主要側重市民特別關心的房屋、交通、福利等民生方面，這類政策主要面向市民的日常生活，所以給人一種走基層路線的印象。未來要做到「廣」，民建聯的政策倡議需要跨階層，需要從香港的整體發展方向進行規劃研究。再進一步，進行相應的專項研究，包括財經、教育、科技等方面。「需要更多具有專業背景的人士，民建聯要不斷地吸納人才。」

做了25年政策研究，到底悶不悶呢？「我需要周圍走，還算好些，不是返工放工兩點一線的生活。」本職是執業律師的呂堅現在是民建聯元朗支部主席，「如今要做政策研究可以，跑前線也可以，我本身是一個靜一點的人，反正都是要寫東西。」

「我自己有什麼變化？沒什麼變化。自然成熟了，哈哈。」的確，20多年的歷練，呂堅變得更加穩重了，不變的，還是那樣的不苟言笑，依然保留著做研究人的那份「悶」勁。

04 巫成鋒

十載磨成利劍鋒

民建聯

掃描二維碼觀看訪談

人們都說，放棄很容易，堅持下去卻是最難的。很多人會選擇放棄，也有人卻選擇了堅持，巫成鋒屬於後者。他說，從政十多年來，曾經兩度萌生放棄的念頭，但最終堅持了下來，至今依然風雨不改的在社區打拼，他說，支撐他的是服務市民的初心。

一切要從「蛇齋餅糭」說起。

巫成鋒受爸爸影響，17歲參加2003年七一大遊行，18歲人生第一票投給了民主派的鄭家富。用當下的標準來看，學生時代的巫成鋒會毫無疑問的被劃分成民主派的支持者。

但世事無絕對。2009年，巫成鋒在香港城市大學政策及行政學系畢業後，加入了屯門婦聯工作，希望可以服務社會，幫助市民。「我從來沒有想過要從政，我表姐是做社工的，社工可以真正幫助到不少人。」

後來經屯門婦聯主席葉順興介紹，他認識了民建聯屯門支部主席梁健文，梁問他是否有興趣投身政黨，加入民建聯，一同為市民服務。巫成鋒笑言，儘管自己在大學讀政治，但個人對政黨的了解並不深，「那個時候談到建制派、民建聯，最大的印象就是大家整體說的，派一些蛇齋餅糭而已。我自己也想親身了解一下，到底民建聯是否真的如坊間所言，靠蛇齋餅糭來籠絡人心。」

帶著這個疑問，巫成鋒參與了民建聯不同地區的活動。期間，巫成鋒切身感受到，街坊對民建聯的支持與認同絕非蛇齋餅糭那麼簡單。這令他感到新奇與震撼。25歲的巫成鋒便抱著看一看、試一試的求知心態在2011年加入了民建聯，出任社區主任，並準備參選區議會。而加入民建聯的決定，巫成鋒事前沒問過爸爸，爸爸對此稍有微言。

巫成鋒形容自己當時彷如一張白紙，民建聯派他到屯門兆康區，去打已在該區連任多屆的民主黨中委陳樹英。他亦未想過能打贏，只

希望在白紙上寫下社區服務的開始，試一下街坊對他服務的反應，探一探前方的路。他自稱是「小區的幫手」，從社區主任做起，幫忙處理街坊求助的個案，舉辦一些小活動維繫與街坊的關係。

參選過程中的艱辛令巫成鋒一度想要放棄。

巫成鋒當時居住在大埔，每日到兆康的路程十分遙遠，需要先乘巴士再搭火車，「早上六點出門，做到晚上九點、十點，回到家已經十一點，第二天五點又要起床」。除了緊湊的工作外，許多街坊甚至因政治立場的不同而攻擊他，不斷挑剔他的服務工作。所有這些，對於初出茅廬的巫成鋒而言像是一座座難以翻越的大山，令他倍感壓力，差一點就放棄了。「很幸運，有民建聯其他選區的前輩不斷的鼓勵跟支持，才能撐過那一段難捱的時光。」

敗給陳樹英是意料之內的，但可幸的是第一次參選，僅僅兩個多月的競選工程，得到了1587票，這個成績是建制派在這個選區多年來最好的一次。儘管失敗，對巫成鋒而言卻是一個好的開始。

事必躬親，動人以行

道雖邇，不行不至；事雖小，不為不成。巫成鋒深諳其中道理，並以之為行事準則。坦白講，巫成鋒做地區工作是有優勢的，在年輕一代中，他屬於外表俊朗性格開朗一種。從2011年至2015年，巫成鋒服務屯門兆康的四年間，事無大小必躬行。他舉辦了大大小小不同的親子活動，派發小盆栽給小朋友種植，開展「書換書」計劃，致力改善居民的親子關係，促進選區內的親子和諧。通過這些林林總總的活動，巫成鋒和區內的街坊、家庭構建起了密切的聯結。

令巫成鋒印象最深刻的是2014年幫助老人家的一件小事，事緣他區內的屋苑年代久遠，第一期更已歷經四十年風霜，一些冷氣機、大堂、每層樓的地板、防煙門等等都亟待維修。而這些屋苑中又居住著許多老人家，他們找到巫成鋒幫忙申請長者維修物業津貼。當時的香港房屋協會要求這些老人家要山長水遠從屯門親自到天后進行宣誓，有許多老人家表示不知道如何去。於是巫成鋒就一人帶著七位六十幾歲至八十歲老人家，乘西鐵再轉地鐵前往天后，可以想像的到，一個年輕小伙子照顧那麼多長者是一個怎樣的畫面。舟車勞頓實屬不易，但和老人家對話交流卻令他感到放鬆和愉悅，「就像是香港半日遊一樣，慢慢行」。

到達房屋協會後，現場遇到不少兆康區的街坊，他們看到巫成鋒帶著這麼多老人家過來，個個都說早知道也找他幫忙。那一刻，巫成鋒深深感受到，真正弱勢和需要照顧的群體，更需要的是被盡心照顧。而後，巫成鋒對街坊所需所求的細心和認真也在選區中傳開了。

動人以言者，其感不深；動人以行者，其應必速。儘管對手在本區擔任議員20年，但放在區裏的時間很少。其為了出選立法會，將時間

精力都花在區外事務上，在本區鮮見人影，僅是空喊「為民主」、「為自由」的口號。而巫成鋒4年間在區內實打實的服務，真心打動了街坊。這一次，到了收獲的時候了。

2015年區議會選舉，巫成鋒再次出戰屯門兆康選區。這也是很難打的一仗，除了個人被指罵「無恥」、「抽水」外，整個團隊也被打擊，包括年長義工每次都被人拍照，然後放在社交媒體上「公審」，指責民建聯「虐老」。那一陣子，巨大的壓力下，放棄的念頭再次閃過，也考慮過到底是否值得。「我的大半個師父雲天壯區議員不斷鼓勵我，我才堅持了下來。」

「我記得一個場面，投票日當天，每個小朋友經過都會和我招手，但對面的陳樹英卻沒人理睬。」最終他奪得2677票，以410票之差擊敗了陳樹英，成功進入區議會。「我是用真誠打動了他們，有一些選民說不一定支持民建聯，但願意支持我。」媒體則形容，他是建制派的一顆新星。

寧為出頭鳥，不做吠聲犬

在香港這個多元化的社會，家庭往往是社會的縮影，巫成鋒便是一個典型的例子。政治立場的分歧割裂了他日常的家庭生活，母親及太太一路走來都很支持他建制派的角色，而父親跟妹妹卻是支持「反對派的」，為了政見立場而吵架更是家常便飯，「我曾經試過離家出走。」

這種似無邊的嚴寒也鋪蓋在每一位民建聯成員的身上。巫成鋒開始並未料到事態的嚴重性，因為他對自己多年來地區工作有高度自信，「我自己（對反修例事件的影響）低估了，覺得就算真發生什麼也不會有什麼影響」。

　　一直到6月份，香港各區遊行愈演愈烈，社會形成了對建制派巨大的壓力漩渦，巫成鋒被裹挾其中。街坊的疏離乃至敵視，令社區服務的難度與日俱增。過往街坊的熱情不再，流動服務街站遭到包圍、阻撓，甚至連派發傳單都不再有人敢收。主動跟他打招呼的街坊一日一日變少，而有熟悉的小朋友看到他開心地想招手時，卻被家長一手拉開……街坊態度的一百八十度翻轉令他逐漸察覺到了事態的嚴重性。

　　7月的一晚，示威者聚集在兆康區，阻擋警察進入西鐵站、進入屋苑，而不幸發生了流血衝突事件。許多街坊感到擔憂，害怕警察進入屋苑，要求巫成鋒回去處理此事。

　　深夜11點多，巫成鋒帶著經理人一起趕到了兆康區。由於兆康商場位置特殊，與兆康地鐵站相連。當巫成鋒到達時，整個商場內佈滿了黑衣人，他需要穿過一兩百人圍成的黑牆，從樓梯上去輕鐵站與警方溝通。密密麻麻的黑衣人，面戴口罩，手持武器，不斷地圍住他，層層疊疊。他們用粗暴的話語辱罵，情緒高漲地喊著狂熱的口號。在黑色口罩下，有來自其他區的陌生面孔，也有往日熟悉的街坊。短短

幾百米，堪堪幾分鐘，有那麼一刻，身高一米八的巫成鋒也感到了恐懼，感覺自己「進入死亡倒數的10秒鐘」。但他沒有停下來，而是在黑色的漩渦中向前。

直到巫成鋒與警察交涉後警方離開，周圍的黑衣人卻仍跟在他身後，不依不饒。他想起那日的恐怖經歷，卻不禁笑出聲，「幸好經理人那天有開車，才能夠載我離開那裡。」

這一年，對民建聯人來說是艱難的。不少人遭到網民起底、恐嚇。巫成鋒的大兒子當時年僅兩歲，身為公務員的太太害怕自己的孩子也遭遇此暴行，憂思再三，希望他能夠退選。2011年因初選的稚嫩

和艱辛而想退縮，2015年則是反對派不斷騷擾的壓力、是家庭的割裂而萌生退意。而這一次，經歷了8年的磨礪，篤實了基礎，他沒有任何理由再向反對派低頭。「我說不可能。不少的辦事處遭受十幾次的破壞，沒有理由向那些勢力低頭。」與其抱怨身處的環境黑暗，不如提燈前行。

2019年11月24日投票結束後的夜晚，在屯門周邊的商業街上，一位老人對著巫成鋒高聲喊道：「不要放棄！」巫成鋒朝老人揮手表示感謝。不時有街坊跑上來拉住他的手，或拍拍他的肩膀，而後迅速抽出手離開，彷彿害怕周圍的眼睛，擔心自己做錯了什麼。

2939票對3784票。這一夜，巫成鋒敗給了曾經的手下敗將陳樹英。這一次，真心實意的服務竟敵不過對手空喊的口號。儘管對這樣的結果早有心理準備，但揮之不去的依然是失落和難過。巫成鋒無奈地表示，「最不開心的不是輸，而是你有出心出力幫助他們，他們卻因政治立場的不同來罵你、鬧你。」

十年人事幾番新，巫成鋒在民建聯渡過了10個年頭，民建聯的領導層近年愈來愈年輕，主席也由年輕的李慧琼接替了元老輩的譚耀宗。巫成鋒是民建聯的這些重大改變的見證者及參與者。他本人自2019年成為執委後，更在2021年6月底坐上了民建聯屯門支部主席一位。當年的黃毛小子經已蛻變成成熟穩重的領導層了。巫成鋒說，十多年前參選的時候，同輩的人很少，現在則是人才輩出，參選的都是後輩了。「我完全沒有入錯民建聯，是非常正確的選擇。」

巫成鋒希望，民建聯未來能真正做到成為香港民生、經濟發展的推動力，為香港社會輸出人才。民建聯要保持這個發展方向，擔任政府的鞭策者的角色，培養更多的治政人才。

巫成鋒堅信，今日所有的混亂與蕪雜，努力與精進，都將在未來愛國者治港中變得更加清晰。十載磨一劍，鋒刃正當時。

05 李世榮

逆襲的「差生」

 民建聯

掃描二維碼觀看訪談

作為一個愛玩樂，又總帶著點憤世嫉俗的年輕人，李世榮怎麼也猜不到自己會對義工服務上癮。

中學時期，一次為了「逃課」而參與的義工談話竟然改變了他整個人生軌跡。社會服務也從那一刻起成為李世榮為之奮鬥一生的愛好、工作乃至事業。

曾是流年笑擲的少年，卻逐漸收起了渾身的刺，變得更加柔和、體諒，凡事皆能耐心傾聽、換位思考。

李世榮能有這樣的轉變，並非一夜之間的突然開悟，而是來自人生中的三次機緣巧合。

他明白，如果沒有遇見中學時期的社工蕭姑娘，如果沒有誤打誤撞地去暨南大學讀書，如果沒有得到黃戌娣的賞識，斷不可能成就今天的李世榮。

今天的李世榮是民建聯執委、立法會議員，兩個孩子的父親，作為80後而言，他交出的是一張令人羨慕的成績表。

為「逃課」卻愛上義工服務

李世榮出生在沙田的臨時房屋區，父親是一名貨車司機，母親是傳統的家庭主婦。如同萬千香港基層市民一樣，李世榮從小家庭條件並不怎麼好，但卻充滿了甜甜的回憶。他自述從小到大，父母並不怎麼管他的學業，一切由他自理。

或許是命運的安排，李世榮能成為今日的立法會議員，卻也是因為年少的一次貪玩。

1998年的夏天，那時李世榮讀中四，學校開學時老師給學生發放了一張問卷，每個同學都必須填寫。問卷來自社工機構，詢問學生的生活情況，喜不喜歡和社工們單獨聊聊天。老師說，願意聊天的學生可以在上課的時候去社工室閒聊。

聽到這裡，李世榮心動了。「我當時心想，咦？可以不用上課喔？」有人陪聊天，還可以名正言順地逃課，李世榮當即果斷地在方框裡打勾。

之後果真如李世榮所願，一天上課時，社工敲響了教室的門，喊他去社工室聊一下。「社工室在學校裡，但是環境佈置得很舒服。」平易近人的社工蕭姑娘很快讓李世榮放鬆了下來，開始深入地談心。

「沒有想到走進那個社工室，就開始了我整個人生的社會服務。」

在那次傾談過後，蕭姑娘開始帶著李世榮和一班年輕人參與義工服務。有一群少年相伴，又不似軍訓或者家中管教森嚴，而是給了充足的發展空間，將青春無處發洩的精力都用在了服務社會上。李世榮自得其樂，發現了做義工的興趣，更逐漸上了癮。

李世榮最初參與的義工工作相對比較簡單，幫忙搬搬抬抬、做手工、擔任司儀等。在有了兩三年經驗後，李世榮漸漸成為活動統籌，協助組織大大小小的義工活動，跟市民的接觸也漸多漸深。他仍記得，跟社工們到一些夜青出沒的地方進行深宵外展。自己仍是半大的少年，就跟著義工了解、開導他們，希望他們不要誤入歧途。

李世榮從最簡單的工作開始參與，到程度逐漸深入；從一個普通的義工做到義工領袖。他從義工活動中認識了許多好友，亦學會了課本上得不到但卻更珍貴的東西。

無心插柳柳成蔭

　　中五時，李世榮的好友約他一起去看教育職業博覽。李世榮對此並不關心，出於陪自己好兄弟的想法，一起去了。兩人在博覽會上看到暨南大學的招生展位，成績平平的兩人聽著展位老師的宣傳，發現可以到內地升學的途徑，於是又相約一起參加暨南大學和華僑大學的兩校聯考。「隨便啦，報名考下，當買個保險。」

　　誰知，正是這一次無心插柳的報名，李世榮真的通過了考試，與好友雙雙被暨南大學錄取。在此之前，李世榮未曾跟家人說自己報名參加了這場考試。直到真的被錄取了，他才告訴家人自己要離開香港上廣州讀書。2001年，中國加入了世貿，親戚都在討論內地似乎有許多發展的機遇，這更加堅定了李世榮想去內地求學的想法。

　　但過去一直在家人身邊的李世榮踏進期待已久的宿舍時卻受到了衝擊，宿舍裡陳設簡單明瞭，就每人一張床板、一個衣櫃、一桌、一椅，除此之外就沒有了。洗手間的設計與香港更是不同，只有蹲廁沒有坐廁，也沒有洗衣機，需要自己手洗衣服。

　　他開始學著獨立，照顧自己，控制自己的吃穿用度。他在這樣的鍛練下，快速地成長。

　　「人生中成熟最快的階段就是在內地讀書的那四年。」

　　而在逐漸適應了內地的校園生活後，閒不住的他想在內地繼續自己熱愛的義工工作。於是李世榮參與了暨南大學學生會的工作，加入了自己最感興趣的體育部開始做學校服務。李世榮從部門幹事到副部長，第三年擔任體育部部長。大四時，李世榮更有意參選學生會主席，但由於身兼數職，除了學生會工作外，他還是校足球隊的隊員，時間難以兼顧，因此只好作罷。

在內地考試，60分為合格，而60分以下，不論59或是0分，都會統一顯示為不合格。在一次高等數學的考試測驗中，儘管李世榮有認真上課、複習，但由於數學水平遠不如內地學生的水平，考試中只拿到59分。

於是李世榮就去找教授「求分」，「不是愛情的求婚，是考試不合格去求分。」

李世榮不斷表達自己上課以及複習的用心，希望教授再檢查一次卷子，看有沒有哪裏可以補回1分讓考試合格。在整個過程中，李世榮感覺到，教授不希望他認為從不合格變成合格是那麼容易的、是有捷徑的。他軟磨硬泡檢查了30分鐘，才補回欠缺的1分。雖然從59分到60分只是1分之差，但這1分可以決定努力是否功虧一簣。人生中應該把握每次機遇，縱使有僥倖也不是必然。

「我對那次的經歷真的很深刻。」李世榮將這一課深深記在心裡。

區議員是街坊的樹洞

2006年大學畢業後李世榮回到香港，在公關公司工作。一次，他在家樓下經過民建聯區議員辦事處時發現正在招募義工。這再次勾起了李世榮心底對社會服務的興趣，於是他旋即拍門進去，向辦事處的職員表示自己想做義工。

職員見一個年輕人無端端走進來突然說自己想做義工，顯得有些反應不來，最後時任沙田耀安選區區議員黃戌娣與他見了一面。李世榮說，自己從內地讀完大學回來，想參加義工工作，想知道這裡有沒有什麼可以幫忙的。當時的黃戌娣考慮了一下，便派了一些簡單的任務給他，希望透過義工工作更多了解眼前這個年輕人。

隨著參與義工服務的次數多了，李世榮用行動證明了自己的能力，黃戊娣也愈來愈信任他，更成為他的師父。李世榮開始接觸議員辦事處的工作，並正式加入了民建聯，會員編號是2770。

　　2008年李世榮和幾個好友創業了，但在一次義工服務中，黃戊娣表示自己希望退休，想了解李世榮是否有意接替她繼續服務社區或以後考慮參選區議會。

　　這對於李世榮而言是一個很大的挑戰，他希望黃戊娣可以給他3天時間好好考慮。回家後，李世榮和家人認真討論後，決定接受這一挑戰，「當時還很年輕，才25歲。」

　　黃戊娣其後表示希望李世榮擔任她的全職議員助理，並指「從2008年做到2011年，3年時間，做好社區服務，聯繫好居民，才有基礎參加選舉」。李世榮又需重新取捨：自己剛剛與好友創立了公司，生意也不錯，真的要拋棄日漸上升的事業而走向一條完全陌生的道路嗎？

　　李世榮跟自己說，「我還年輕，可以嘗試多點。」哪怕等到這一條路失敗了，也仍有機會再去創業。於是李世榮放棄了創業的道路，從2008年底開始擔任黃戊娣的全職議員助理。

　　地區工作充滿了挑戰，年輕卻成為了李世榮的負累，街坊們很難信任一個沒什麼社會經驗的「嘅仔」。

　　李世榮開始沉下心來，跟著師父學習，這也是一種修行。他開始「收火」，嘗試凡事站在街坊的立場去考慮問題，待人接物更加周全。李世榮用時間和行動慢慢累積了街坊的信任。

有一次，有一位街坊求助在內地的房地產問題，黃戊娣二話不說就道，「世榮，你收拾一下東西，過幾天跟我去廣州一趟。」李世榮從未想過擔任議員助理居然也需要出差的。這件案子由於牽涉諸多，在當時完全解決不到。但街坊仍是十分感謝議員願意這麼盡心盡力地幫忙，這份感激，成為了李世榮繼續努力的動力。

李世榮在2011年第一次參加區議會選舉。3年時間已經累積了一定的社區服務及議政論政經驗，一切都像師父說的那樣，「用3年時間去服務，會令到你的選舉穩陣很多。」最終他得到了3039票，毫無懸念地勝選，成功從黃戊娣師父手中接棒。

李世榮形容，區議員的工作跟之前擔任助理時並無變化，一樣的辦公室，一樣的服務，「只不過是接替師父的工作，繼續服務好街坊而已。」更多的時候，區議員就是街坊傾訴的對象，如同一個樹洞。

一次，一位太太前來求助婚姻問題，講述了許多家裡的、老公的瑣事。李世榮心想，在這種問題上，不應該給太多個人的意見。於是李世榮只是默默地將整盒的紙巾放在這位太太身旁，靜靜地傾聽，然後幫她分析如果這樣結果會是如何。「後來我就發現，這樣的案子其實最希望找一個人訴苦。」

那位太太在講述的過程中，心情也逐漸平靜下來。李世榮也明白，有時候市民過來求助不一定是希望議員每個個案都能幫得上忙，有時只是希望有人聆聽，給一點小小的意見而已。

背負污名，砥礪前行

2019年初，民建聯的領導詢問李世榮有沒有信心繼續連任。「我當然有信心，我一直務實地處理區議員的職務，也付出了十足的努力和心機給選民和居民。」雖然信心滿滿，但李世榮並未預料到，2019年下半年發生「港獨」暴亂事件，社會嚴重動盪。這一年，李世榮輸了區議會選舉。

「2019年區議會選舉是香港最不公平選舉。」選舉時期，李世榮的辦事處被人砸毀外，更被人潑髒水，他本人也被人誣陷。

在競選期間，反對派在晚上時間將三百多張寫著「李世榮賄選」、「李世榮行賄」的照片貼滿了行人隧道。一夜間三百多張誣陷單張，「你一覺睡醒，撕都撕不完。」

　　而在李世榮帶著團隊清理完這些照片後，僅僅幾日，他們又在隧道裡噴上了六尺高的大字，一字一字寫著「李世榮貪污」。李世榮自己看到後都不禁感慨，「真是整蠱。」

　　李世榮深知自己作為建制派的前線代表，會遭到反對派的惡意打壓針對。「但我真是猜不到，反對派為了勝選，居然花了如此龐大的人力物力，在一夜之間幾百張單張，只為了誣陷我。」

　　這是一場十分不公平的選舉，李世榮也因而灰心喪氣過一陣子。他難以面對這樣的現實，「如果論對街坊的幫助，我們一定是多過其他人的。」但慢慢冷靜下來後，李世榮並未怨天尤人或自暴自棄。這一場選舉，並非全部人都輸，民建聯也有20幾個兄弟贏了。

　　李世榮告訴自己，別人在這樣的環境下仍能夠勝選，說明自己的工作還不如別人的踏實、有效。「在那場選舉中，我先要檢討的是自己，其他的因素有影響，但不是主因。」

　　「我們都終於捱過來了。」隨著國家推出國安法，香港的政局慢慢穩定下來。

2021年，民建聯派李世榮參選立法會新界東南選區地區直選，「一收到通知，感覺戰戰兢兢。」

李世榮自言是一個責任心很重的人，覺得必須做好，絕對不能讓人失望。他開始有壓力，精神高度緊張。「第一次參選立法會，不知道自己能不能贏，很擔憂，整天都睡不著，做惡夢。」

儘管李世榮做了多年地區工作，但是此次留給他的準備時間很短，新界東南選區包括了45個區議會選區，而許多地方例如西貢和將軍澳等，都是李世榮鮮有踏足的。「在這個地方，李世榮的知名度是零。」

李世榮需要從頭開始，努力做地區工作，提升自己的知名度，以得到市民的信任和支持。因此這一年，李世榮的選舉策略更偏向西貢及將軍澳。在中午跟晚上市民出來買菜的時候，你就能見到他在街頭開設街站的身影。

最終，完善選舉制度後的第一次立法會選舉，李世榮在新界東南選區以82595的高票當選立法會議員，政途從谷底反彈。

李世榮很喜歡落區，因為可以了解到市民真正的生活情況，聽到市民最真實的心聲。

當選了立法會議員後，李世榮沒有只在會議室及辦公室內，依然堅持抽時間落區。「譬如我下午來接受訪問之前，上午還去了將軍澳和沙田兩個地方。」

民建聯是一所學校

加入民建聯十幾年來，李世榮感觸頗深。「最開始加入的時候，感覺民建聯像一間學校，譚耀宗主席是校長，校長退下來後就變成校監，而我們是進來學習的學生。」

　　李世榮用學校來比喻民建聯，因為他覺得成員們加入都是希望學東西的，希望能夠服務社會的。在學校，你可以吸收很多知識，而在民建聯，你更可以吸收很多課本以外的知識。「民建聯除了對我從政有幫助，對我個人人生的成長也有很大幫助。」

　　李世榮表示，不論是特區政府、地區行政還是公務員體系，未來都需要大量愛國愛港、有心有力的政治人才。「民建聯應該培養更多這樣的人。」

06 林琳

巾幗不讓鬚眉

▶ 民建聯

掃描二維碼觀看訪談

2020年3月6日，一把響亮的聲音在日內瓦第43次聯合國人權理事會會場內響起：

「我們的城市被國際媒體和政府指責警察暴力，但事實是暴徒將警察家人的個人信息和住址，包括他們小孩的學校在網上起底曝光，並且呼籲報仇甚至謀殺。我不禁要問，主席女士，言論自由從不應該是成為傷害不同意見人士的藉口，為何有如此雙重標準？為何持有不同意見人士就該被懲罰，僅僅因為我們是中國人嗎？」

其後的兩年內，這把聲音先後7次，在同一個場合向國際社會訴說了香港的情況。作為愛國愛港的市民代表願意站上國際舞台發言，在當時是絕無僅有的。

她是林琳，中國聯合國協會理事，一個內地出生非「本土」的香港人。

林琳說，那次一分多鐘的發言，她是很緊張的，但她必須要站出來講香港真實的情況。

歷史故事中，花木蘭代父從軍，穆桂英掛帥出征，多多少少代表了中國女性堅韌勇敢的一面。林琳也是一個說做便做的人，關鍵是她敢做，而她的從政經歷，也正正凸顯了她巾幗不讓鬚眉的一面。

林琳的父母都是醫生，一個是牙醫一個是眼科醫生，父親是緬甸福建華僑，當年緬甸排華的時候回到內地定居，並結識了身為山東人的妻子。林琳出生於河北省邯鄲，從小活潑愛笑，五歲時來到香港。回憶從前，十五歲便隻身前往澳洲讀書是林琳未曾想過的。中學時的某一個週日的下午，林琳的父親問她要不要出國讀書，林琳分析後覺得也不錯，可以學習一下語言和他國文化。沒想到父親直接拿了一大批資料給她，說：「我已經交了錢，你下個月去澳洲」。林琳感到震驚且鬱

悶，感覺自己是直接被一腳「踢」去國外。獨自乘飛機到澳洲後，林琳賭氣一個月都沒有與父親聯繫。當然，今天來說，要多謝父親給了自己出外見識的機會。

林琳形容，自己在澳洲的中學位處一個山旮旯地方，出去市區坐車也要一個小時，另外只有騎馬或者走路才行。這情況到入讀了昆士蘭大學後才不一樣了。就這樣一個人在澳洲讀書8年，從高中讀到碩士畢業。

2006年，林琳回到香港找工作。起初並不順利，因為學歷高但沒有經驗，一般公司不願意聘請。林琳坦言，「很多公司都會更青睞英國、美國回港的留學生，或者香港本地最高學府的畢業生」。當時的澳洲畢業生並不吃香，因而一直被拒。當然最終也找到了工作，先後在廣告公司及金融界任職。而在美國運通上班的時候，認識了民建聯的同伴。

林琳是一個愛走動、愛找事做的人，開始參與民建聯的活動時並未考慮太多，原因是自己「太得閒」。當時她覺得，既然下班時也沒什麼事要做，也沒拍拖，還不如做地區工作。

林琳笑言自己一直都很「純真」，選擇加入民建聯前也沒做過什麼比較，只是聽說需要加入才好做社會工作，民建聯荃灣支部主席古揚邦也非常支持她。但實際上，林琳的父親並不支持她從事社會工作和加入民建聯，覺得為什麼要做這麼辛苦的事情，不如做公務員來得穩定。但她自己就是「坐不住的人」，一定要找些事情做。

2008年母親節，林琳第一次落區，向居民派發母親節花朵。多年在外留學的她第一次落區有些緊張，「又不認得人家，派花給人，很奇怪」。但沒想到街坊都很接受她，加上當區區議員陳偉業很少落區，林

琳在服務街坊上更加積極，或許就是這種「初生之犢不畏虎」的精神打動了街坊鄰居們，逐漸得到了不少支持。「其實當時的我甚至連香港有什麼政府部門都不太熟悉，只能慢慢學，慢慢摸索。」

　　做地區工作對屬於獨生子女的林琳而言絕對是一個不一樣的體驗。「街坊們好似一個大家庭一樣，當我是女兒一樣看待，感覺很好。」

　　2011年，林琳披甲上陣，第一次參選荃灣麗興選區區議會選舉，她沒有包袱，「我沒有經驗，選不上也很正常，輸的話，大不了我就去西班牙學習西班牙語、學Flamenco，所以也沒什麼顧慮。」結果，林琳以1965票大勝另外兩個對手，順利當選第四屆區議員。

　　從完全不認識地區工作，到跟街坊可以打成一片，令鄰居把她當作「親女兒」一般對待，這都是林琳地區服務的成果。順理成章，2015年的選舉中，林琳在毫無壓力下連任。

　　但2019年，社會環境發生了變化。政府修訂逃犯條例觸發了大規模的社會事件。作為很早便表態支持修例的林琳，自然也成為攻擊對象之一，也預計了會輸掉區議會選舉，「畢竟社會已經不理性，平日很友善的街坊們都突然把我當成殺父仇人一樣。甚至有街坊當時到我辦事處跟我說，我每年都有投票給你，但今年因為你是民建聯我無法投票給你了。」林琳說，在當時的社會情緒之下，很難怪他們，也無謂和他們去爭拗，因為當時不少街坊被情緒帶動，相信時間久了他們會沉澱一下的。

　　這一次的敗選沒有對林琳造成很大的打擊，她堅持發聲，主動面對西方媒體。由於操一口流利的英語，早年幫黨友周浩鼎選立法會的時候，林琳便已經不斷接受BBC的採訪，代表民建聯發表言論。「BBC的訪問經常是會辯論的，因為問題是帶著立場問你的，而你就需要先辯駁再回答問題」。林琳說，她接受採訪說的每一句話「對環球新聞來說是滄海茫茫中的一分鐘，但對我們來說是奠定立場，是重要的」。

這一次，林琳把目標瞄向了聯合國。觸發點之一是她看到香港藝人何韻詩在聯合國人權理事會的發言，說香港被人壓迫云云。「她都能去，那我也能去。」作為香港特別行政區中國聯合國協會理事的林琳心想，在聯合國發言是將聲音傳播向世界。但那時候，風頭火勢，很多人不願意站出來，但林琳無懼。

2020年2月底，為了這次發言，林琳辭去了剛剛做了一個月的工作，在家人的支持下，頂著新冠疫情隻身飛到了日內瓦。受邀第一次在聯合國人權理事會演講，林琳坦言有些手足無措，於是便上網「偷師」，看別人是如何發言，作為NGO市民代表也就只有一分多鐘時間而已，既要精簡，也要講一些國際社會沒聽過的東西。

林琳說，壓力很大，發言稿很難寫，因為要寫到令人注目。大會原本安排她有三次發言，她構思第一個發言主題是香港警察才是受害者，也就是前文的部分節錄，第二個重點說香港人民很難正常生活，因為意見不同會被打，第三個發言則由於聯合國秘書處有人確診新冠病毒而取消了。

在聯合國的一個多月時間，林琳甚至約見了相關警暴委員會主席，詳細解釋香港的現狀，令國際社會能更全面的了解2019年香港到底發生了什麼事。會議由於疫情中斷後，所有國家代表都回國了。林琳對於這種狀況沒有經驗，面對機位爆滿無法回港的窘況，滯留了許久，輾轉多次才回到香港。「回香港居家隔離期間，街坊們給我送了一大堆東西，甚至到隔離結束都還沒吃完」。

林琳在能言善道方面絕不比任何一位男士差。這在她和前香港眾志秘書長黃之鋒公開辯論一役可見，那時候媒體甚至用「吵架王」來形容她，林琳笑著說，自己並不是會吵架，只是講了想講的東西。「我跟反對派的李柱銘劉慧卿都辯論過，他們特別厲害？他們不過是講自己

立場，把歪理當成道理而已。」她又解釋和黃之鋒辯論時較為激動的原因是，「有觀點認為政府不對，所以要以暴制暴，而香港人竟然很多人認為這個觀點是對的，這一點是我不贊同」。

　　2021年完善選舉制度後舉行的第一次立法會選舉，民建聯派出的參選名單中，林琳榜上有名。經過一番激烈的競爭，林琳順利當選選舉委員會界別的立法會議員，政途更上一層樓。林琳坦言，自己正在學習中，包括議事規則甚至是和其他黨派的協調工作等，「一切都是摸著石頭過河」。按照民建聯的分工安排，林琳擔任公務員事務發言人。

作為全國青聯委員及香港青年發展委員會委員，林琳也比較關注香港年輕人的問題。她說：「應該思考未來社會需要什麼樣的人才，社會上都在講創科，講大灣區，但要青年們在大灣區做什麼呢？政府應該由青年的角度考慮問題，視乎青年們的興趣及取向，為他們提供平台，替他們拉線，這才是應該要做的。」

今年是民建聯成立三十周年，對於這個一路培養、支持自己走到今天的政黨，林琳是感恩的。在她心目中，民建聯變化了不少。以前她們都是跟著民建聯的前輩去做事，但2019年後，民建聯多了給年輕人發揮的機會，令整個民建聯的向心力更強了，「大家都願意變，願意嘗試，就好像一個大家庭。民建聯堅持到現在一定是有特點和優點的，我不會理會別人是如何抹黑民建聯的。」

她舉例，2019年選舉後，有媒體問是否民建聯連累了她，有沒有考慮過退黨？「說什麼連累！當我什麼都不是的時候，民建聯都能夠讓我去參選，受了點衝擊就說人家連累你？退黨？我什麼時候退都不可能2019年退，做人要有人品的，若在那時候退是最沒有人品的！」她希望30歲的民建聯能夠繼續努力，「我們一定得！」

「學就西川八陣圖，鴛鴦袖裡握兵符。由來巾幗甘心受，何必將軍是丈夫。」林琳便是這樣的一位敢言又敢做的巾幗女鬥士。

07 施永泰

跨階層的
青民掌舵人

▶ 民建聯

掃描二維碼觀看訪談

鍥而捨之，朽木不折；鍥而不捨，金石可鏤。如果沒有當初的那份堅持，施永泰今天或許仍在摸索如何從政，更不可能在短短時間內成為青年民建聯的主席。

「我加入民建聯可以說是機緣巧合的，彷彿一切冥冥中早已注定。」施永泰如是說。雖然可以將這一切說成是緣份使然，但緣份這東西，某程度上也需要靠自身爭取的。塵世間哪有那麼多「天上掉餡餅」的事？

施永泰和民建聯是有緣份的。「緣」結於他小學生的年代，「份」則是從加拿大大學畢業回港以後才出現的。他爭取了兩次，「緣」和「份」正式結合，產生的化學反應，才造就了今天的他。

懷赤誠之心回港

施永泰與民建聯的第一次相遇是在90年代。當時他才上小學，父母在西環開商舖，做一點貿易生意。商舖是前店後倉的佈局，平時要有貨車卸貨。而門口正好有一個巴士站，每日乘客上落嚴重阻佔了店舖卸貨的通道。一家人都為此事苦惱，但卻不知如何解決。

恰好時任民建聯中西區區議員黃哲民經常落區，和街邊小商舖的業主聊天，詢問是否有什麼困難，施永泰的父母便向議員反映了這個情況。

「他（議員）真的去聯繫了巴士公司、運輸署，然後將那個巴士站往後移了50米。整件事就解決了。」時至今日，那個巴士站還在，而每當施永泰回想起這件20年前的往事，仍然深受感動，「原來區議員的角色是這麼重要的，是真的為街坊做到實事的。」

年紀小小的施永泰甚至在黃哲民參選時，向他索取了競選海報，回家貼在自己家裡。想到這裡，施永泰都不禁笑出聲。也正是從這時開始，民建聯真心為市民服務的形象烙在了施永泰的心中。或許，有一天他也會像那位區議員一樣，服務市民。

　　2006年，施永泰前往加拿大求學，但他仍持續關注著香港的時事。他為2014年佔中事件而痛心，為香港多年來發展的停滯而困惑。「加拿大再好始終都不是自己的家，當時一直希望能為香港社會做點什麼。」2016年，施永泰回到了香港。

　　回港後，施永泰發現，自己從小長大的西環，十年來除了增加了地鐵站與一些新店舖外，整個社區竟沒有什麼變化，夜晚時分仍舊看到有老人家在撿紙皮，周圍的環境衛生也還有改善空間。

　　出於對社區事務的關心，施永泰加入了大廈業主立案法團，在這裏他認識了一些區議員和地區人士，要加入政黨的想法開始浮現在施永泰的腦海，他希望能為香港多做些事。幼時的記憶湧上心頭，他首先想到的便是他幼時見到向街坊伸出援助之手、真真切切解決市民難題的民建聯。

　　幾個月後，施永泰通過自己認識的地區人士，致電時任民建聯中西區支部主席陳學鋒，希望他能推薦自己加入民建聯。誰知道陳學鋒當時正在和街坊舉行一個釣墨魚活動，接到了施永泰的電話後，當即表示：「好呀好呀，我現在正在舉辦釣墨魚活動，與街坊交流。我們有機會再深入談談。」然而施永泰不甘等待，選擇了主動出擊。

　　他突然想起，弟弟施衍良大學時曾參加過青年民建聯的重慶實習計劃。於是他和弟弟說，自己想加入民建聯，但苦於沒有推薦人。弟弟知道情況後，隨即幫他打電話詢問，並牽橋搭線，他在2017年如願加入了民建聯。

　　如果他沒有堅持要加入民建聯的心，他便不會找自己的弟弟協助，能否加入民建聯也變成了未知數。那份堅持成就了他。

　　加入民建聯後一個星期，施永泰第一次在支部見到了陳學鋒。「我第一次看到陳主席是很緊張的，但他其實很友好。」施永泰笑道。當時陳學鋒問他：「為什麼會加入民建聯，可能會沒朋友的，許多人可能都不會認同和理解你所做的事情。」施永泰懷揣著滿腔熱血，十分自信地答「完全沒問題」。於是施永泰開始了在石塘咀的地區服務。

政見不同，拍檔拆夥

　　2019年是香港社會坎坷不平的一年，施永泰回想這一年的社會事件，仍覺得十分無奈和生氣。「你現在回看當時的報道，會覺得那些人被人煽動、洗腦。當時有很多不合理的事情發生，媒體針對警察和政府。」

當時，許多親戚、同學都不理解施永泰的工作，甚至攻擊他的立場。

「有次長輩生日一起出來吃飯，我有位深黃立場的親友突然問我，最近賣港賣得怎麼樣之類的。」明明是無關政治的場合，只因立場的不同，突然開始惡語相向。

許多當年的中學同學，甚至發私信過來謾罵，多年的好友也反目成仇。甚至在剛剛結束的港大MBA碩士課程的群聊中，有同學發了一句，" I am shame to be classmate with young DAB chairman" 說完後就離開了群組。然後一個接一個的同學離開群組，「我沒說任何話，都遭到他們的敵視。」

施永泰有點無奈。「事實上2019年以前，大家都知道我是民建聯的，但是2019年社會事件發生後開始有謾罵、排斥。」甚至施永泰當時的生意夥伴，明明早就知道施永泰是民建聯的身份，但卻要求施永泰要麼退出民建聯，要麼生意拆夥。「道不同不相為謀」，施永泰選擇與他分道揚鑣。

一次某電視台找施永泰前往中文大學做一個訪談，施永泰答應了，當時中大校園也被人搗亂。「那時候紅磡隧道還完好，但中大附近的路都爛了，電視台找了一輛GOGOVAN送我進去。」施永泰回想起那日在中大校園內見到的場景，滿地的塗鴉、口號、海報，整個校園一片狼藉。

訪問結束後，施永泰準備離開時，遇到了一批準備接受訪問的示威者，「他們全身包得嚴嚴實實，只露出一雙眼睛，就算這樣，你都能感受到他們眼中的仇視。」

　　而從中大到西環的車程竟花費了兩個鐘頭，「因為周圍很多限制，要繞路，十分小心，電視台也不敢露出自己的牌子，怕被人圍攻。為什麼香港會變成這樣？」施永泰心中十分惆悵，這一切何時會結束呢？

是壓力，亦是動力

　　加入民建聯兩年後，2019年，施永泰和民建聯主席李慧琼見面，他當時很緊張，「她看起來特別嚴肅。」然而李慧琼開口的第一個問題，卻是關心他：「你買樓了嗎？」又問了一些生活問題後，李慧琼才進入正題，問他對青年民建聯的工作是否感興趣，「我記得我當時真的回答了很多，如果有機會能服務青年，對我而言是很好的挑戰。」

　　之後又經過幾次交談，李慧琼直接了當對他說，民建聯希望他擔任青年民建聯主席，問他是否有信心。顯然他已經通過了民建聯的考核。那一刻，施永泰感到特別意外，也十分驚喜，「我們這些做政治的，當然什麼都要有信心。儘管很意外，但我肯定回答有信心。」

　　試想想，青年民建聯成立以來，幾個主席包括張國鈞、周浩鼎、顏汶羽都是民建聯資深的地區工作者，而他——施永泰則僅僅加入民建聯兩年，便有機會肩負這項重任，肯定有壓力。

　　施永泰開始物色自己的青民班底。「過往青民班子中，有很多地區的青年委員，本身十分優秀。但新一屆青年民建聯，希望能轉變模式，有更多跨階層的發展，以及更多的專業人士。」

　　施永泰籌備班子之初也遇到了許多困難及壓力。「開始要接觸很多人，一些青年成員，他們不是做地區工作的，本身有專職工作或生意。」施永泰也需要梳理未來青年民建聯的主要工作內容及發展方向，「哪些要繼承以往，哪些需要改變，都要考慮清楚。」

外間對施永泰的突然上任抱有質疑態度，認為他「無政績」、「無名聲」，而如何面對刁鑽的傳媒記者也是一個新的挑戰。「真的需要補充許多知識，當時研究部給了我一份兩百頁的政策倡議，讓我去讀、去學。」外界的議論紛紛，不論期望也好，爭議也罷，對於施永泰都是莫大的壓力，但也成為他不斷要求自己的動力。

青年興則國家興，青年強則國家強。施永泰對於青年發展有自己的想法。他認為，未來的青年民建聯將有四個主要發展目標。

首先是加強政策研究。多做關於青年議題的調查及政策研究，並將調查意見提交給立法會議員或特區政府跟進。

其次，青年民建聯將會著重關注香港青年的就業、學業問題。香港近兩年受到「黑暴」及疫情的影響，青年人就業面臨著巨大困難，青民希望盡一份心力，也希望推動年輕人到大灣區尋找發展機遇。

第三，多做一些交流的活動，因為最好的了解形式就是親身了解，用真正的體驗來促進對內地的認識和理解。青年民建聯將會持續做兩地交流活動，凝聚青年力量。

第四，青年民建聯未來將會開展對貧困青年的幫扶工作。施永泰堅信，授人以魚不如授人以漁。希望透過提升青年自身競爭力，從根本上脫貧，而非僅以金錢補助的方式幫助。

愛拼才會贏

如今香港的新生代常抱怨看不見未來，也有的說創業艱難，年輕人找不到自己的出路。32歲的施永泰則用行動做出了示範，在他看來，新時代創業的關鍵在於以科技創新作為原動力，為傳統市場注入活力。

也許傳承了福建人「愛拼才會贏」精神，或是父母敢闖敢拚的品質遺傳，從加拿大回香港後，施永泰創立了自己的公司——define CLEAN（定義潔淨），研發屬於香港製造的植物性粉狀環保清潔劑。

施永泰解釋，研發的新產品和過往市面上清潔劑的分別在於，坊間多數清潔產品的成分八至九成為水，且多非香港製造，運輸成本及碳排放量相當高，不利於環保。

施永泰也希望自己能夠幫助社區的低收入人群，「我們希望能幫助社區居民，通過僱用低收入的社區婦女來幫助她們提高收入。」

施永泰表示，產品製造的全過程皆在香港本地，而且需要研磨、包裝等簡單工種的工人，上班時間靈活自由，「我們不需要朝九晚五在那坐著，隨時有時間就可以過來做。於是我們就想，既然如此，為何不請一些真的有需要的人呢？」施永泰跟公司其他持份者商討後，決定支持一下地區低收入人士，為社會貢獻自身力量。

　　施永泰的創業之途並非一帆風順，過往曾有拍檔因立場不同而分道揚鑣，員工因政見不同而出走，產品推廣同樣艱難。但他沒有放棄，亦沒有怨言。這不正是當代青年所需要的可貴品質嗎？

　　沒有哪一代人的青春是容易的，每一代都有每一代人的宿命、委屈、掙扎、奮鬥，與其抱怨，不如把握機會，去闖、去拼、去堅持。

延續創新精神服務社區

　　今年是民建聯成立三十周年，施永泰認為，30歲的民建聯仍是十分有活力的政黨。綜觀民建聯的整個架構，領導層普遍年輕化。「民建聯很願意放手任用新人。」

　　施永泰說，民建聯亦是一個具有擔當的政黨，對於承諾一向說到做到，就算在危急關頭依然頂在最前面。「經歷了幾年來的風雨，不論是面對『黑暴』還是疫情，民建聯的兄弟姐妹們都奔波在地區前線服務，盡全力去幫助居民所需。希望民建聯可以延續創新精神，為祖國、為香港培養更多更優秀的愛國愛港人才。」

在陪伴民建聯的短短5年中，施永泰收穫良多，雖然至今無緣參與區議會選舉，但現在已經是選委、青民主席，無疑責任更大了。

「我喜歡開車。」做人處事亦如此，訂下目的地，堅持前行，總會成功到達。

施永泰開的車，正堅定地朝著目的地高速行駛中。

07

施永泰──跨階層的青民掌舵人

08 洪志傑

不泣過往
不懼將來

▶ 民建聯

掃描二維碼觀看訪談

2011年，他沒有包袱，首次參選區議會興東選區，僅僅得到75票，落敗……

2015年，他加入政黨，再戰區議會阿公岩選區，得到了1112票，再次落敗……

2019年，他充滿信心，出戰錦屏選區，得到3027票，但仍是敗選……

就是這樣的一個人，十多年來連續三次參選區議會，卻連續三次都鎩羽而回，屢戰屢敗，屢敗屢戰。對洪志傑來說，失敗並不可怕，可貴的是從失敗到失敗，依然不改熱情。洪志傑說，堅持不放棄是要對支持自己的街坊負責，「如果不繼續地區服務，對不起支持我的鄉親父老」。

這份堅持不容易。一路走來，洪志傑是一波三折的，可幸的是，他擁有一份樂觀的心態及永不言敗的精神。

1991年，11歲的洪志傑跟隨家人從福建來到了香港。香港的一切都令他感到陌生而驚奇。年幼的他看到街上掛著民建聯前副主席程介南的宣傳橫額時，他並不清楚這是什麼，只覺得好奇，「為什麼要在街邊掛這些人的照片呢？」命運便是在這一刻埋下了伏筆。時光流轉，20年白衣蒼狗，當年的幼童變成了海報上的候選人，年幼時腦海中的一個小問號竟成了洪志傑未來人生中最重要的感嘆號。

初生牛犢不知虎

2005年，8月28日，《文匯報》舉辦了第一屆「未來之星——中國國情教育培訓班」，有108位來自香港九間大專院校的學生參與，就讀香港樹仁大學中文系三年班的洪志傑便是其中一人，這是他第一次來到北京。

在北京8日的交流，他大開眼界，因為很多以前在書上讀過的事物，這次是真正親身體驗了，包括第一次登長城、第一次逛故宮。清華大學的環境以至授課老師們的講解，都令他至今難忘，他記得有位劉教授講國家戰略乃至國家的發展令他心潮澎湃，「你會發現，國家真的強大了。在這之前這種感覺從未如此濃烈。」在那一刻，洪志傑對「生於斯，長於斯」的祖國產生了更濃厚的歸屬感。

大學畢業後，洪志傑投身了教育事業，擔任中學教師。2011年的洪志傑，每日行走在家與學校兩點一線的軌道上。除去完成學校的工作外，風華正茂的洪志傑仍期待新的挑戰。行有餘力，則以助人。他開始渴望一個更大的舞台。正在這時，學校的一位同事鼓勵他，「你那麼年輕，不如去試下參選區議會，反正這個選區很容易選的，我們幫你找提名。」根據區議會選舉的規定，若要參選必須得到有關選區的十名已登記選民簽署。洪志傑一聽，便覺得既然萬事俱備了，加上本身有興趣，那就去試試吧。

當時距離選舉僅剩兩三個月，洪志傑憑著一股「傻氣」，以獨立人士的身份「膽粗粗」報名參選興東選區，開始在政途道路上的摸索。但他萬萬沒有想到，這個選區是最多人競爭的選區，共有五人參選，其中包括已連任三屆的當區區議員黃月梅以及獲工聯會支持的許林慶

等。但洪志傑絲毫不懼，他笑稱自己有一種無知的自信，「當時沒想要贏，但是很有信心會贏。沒有計劃，甚至沒有什麼概念，更甚少擺街站。抱著一個嘗試的心態，所以也不覺得有什麼壓力」。

兩個月的「奇妙旅程」給洪志傑開啟了人生新的篇章。從絲毫不懂社區服務，連互委會是什麼都不知道，再到親身了解社區服務架構，在同事陪伴下拜訪互委會成員……最終得票僅有75票，不足一百。沒想到，這成為了洪志傑社區服務的起點，他希望繼續做下去。

入民建聯，重新開始

洪志傑說，2005年參與北京交流團回港後，出任未來之星第一屆同學會的幹事，並輾轉加入了福建的同鄉會。他認識了許多志同道合的好友、同鄉，其中一位便是如今的民建聯支部主席洪連杉。但彼時他們還僅是泛泛之交。

2013年，洪志傑在同鄉會活動中遇見洪連杉。洪連杉問他是不是有意向、有興趣參與社區工作，要不要加入民建聯跟大家一起服務。於是在洪連杉的推薦下，洪志傑加入了民建聯，來到筲箕灣重新開始地區工作。「我當時知道有民建聯這個組織，只知道這是一個負責選舉的團體，其他的就完全不了解。但要有人帶路才能加入民建聯的，這要講緣份的，洪連杉和鍾樹根是我這一方面的啟蒙老師。」

但加入民建聯後，洪志傑第一次感受到了組織力量的強大。「完全是兩回事，民建聯有人、有架構。以民建聯一份子的身份出來，給街坊的感覺也不一樣，我和很多街坊一樣，以這身份自豪。」

洪志傑準備參加2015年的區議會選舉，這次選擇的是筲箕灣阿公岩選區，這次他不再是單打獨鬥。「對我而言都是新的過程，有人手，有計劃。和第一次的選舉工作差別很大。」他當時要去筲箕灣開街站，不少義工都願意來幫他，「我第一個義工都是在群組裡找到的，那是一個我不熟悉的同鄉人。」也是在筲箕灣阿公岩，洪志傑第一次親手掛上了有自己和鍾樹根照片的選舉橫額，回想起初到香港見到程介南的橫額時的感覺，更是別有一番滋味。

與第一次參選時的無知無畏不同，這一次洪志傑有擺街站、有民建聯的幫手，他有底氣且有自信，但同時壓力也更大了，青年夥伴的陪伴，福建同鄉的期盼，洪志傑不想辜負他們。但這次的競選對手更強，一位是自1982年便一直在該區勝選的杜本文，另一位是獨立建制派的林其東，兩位都是建制派的，其實更難打。選舉結果公佈，洪志傑獲1112票，落後於其他兩位候選人而再次敗選，林其東當選。洪志傑其後才慢慢明白洪連杉跟他說的：「你去試下參選，當作是練兵吧。」而這一次的練兵，洪志傑全力以赴的去做，他的心態是「練兵也要練好」，即使沒有當選也收穫不少。

胸有成竹終落空

2016年，洪志傑轉到北角錦屏區跟「師父」民建聯的蔡素玉一起服務。這對於他而言乃是求之不得的好區、好機會。洪志傑從小在這個區成長，街坊也都是福建同鄉，「哪怕我講福建話都可以（溝通），那個時候是很躍躍欲試的」。

從那開始，每逢週六日或學校放假的日子，就一定能在辦事處找到洪志傑。甚至週一到週五下午，學校一放學，洪志傑便往辦事處趕，在此繼續為市民服務，一直呆到晚上八點鐘。儘管身為教師，但洪志傑去到社區卻總以最卑微的心態去服務街坊。「我從來不覺得在社區裡我是老師。」四年間，洪志傑近乎全年無休的服務街坊鄰里，街坊的支持也愈加高漲。

2019年11月24日，香港第六屆區議會選舉在社會環境不穩定的情況下舉行投票。洪志傑當晚在蔡素玉等人的陪同下來到點票現場，根據日間投票時街坊的反應，洪志傑對當選是信心滿滿的。

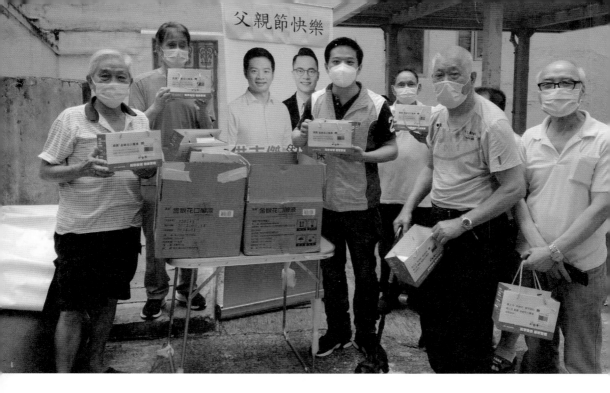

　　然而結果陸續出來，全港各區的黨友一個又一個的敗選。蔡素玉告訴他，洪連杉輸了，丁江浩也輸了，洪志傑的臉色開始變了，他想不到洪連杉也會輸，從未落淚的他，淚水在眼眶裡打轉，幾欲滴下來。蔡素玉拍拍他，低聲道，「別哭，不要哭給別人看」。結果，洪志傑僅僅輸了86票，他失望又失落，因為做了那麼多年的服務，不該是這樣的結果，緣何如此？每一票、每一份支持都是靠服務掙來的，竟不敵對手的幾句口號。「是我做得還不夠好嗎？是對手做得太好嗎？」那一瞬，失落鋪天蓋地湧來，更多的是自我懷疑。

　　「2019年的落差真的很大，大家都覺得你會贏。」儘管心中失望，但未至於絕望。洪志傑整理好心情，第二天如常去街站感謝街坊的支持，「有街坊抱著我哭，那我更不能哭」，洪志傑回憶當時去街站，許多街坊知他輸了，比他還要難過，其中有一位80歲的老先生，亦是90年代就已加入民建聯的前輩，告訴洪志傑，「我同街坊談過了，如果辦事處難以維持，街坊大家都願意想法幫忙籌錢。五百、一千，怎麼樣你都要堅持下去。」

幾天後，洪連杉打電話來，問他：「還繼續嗎？」

「繼續。」他答。

街坊們無言的支持與信任成了洪志傑最堅實的後盾，無論如何，他也要繼續為這三千多投票給他的街坊服務，為他們的信任負責。敗，已是過去的結果，是反省檢討再步向前的基石。戰，是未來的希望，是屢敗而絲毫不改的熱情。「很坦白講，當時我自己都想過是否繼續，已選三屆了，俗話說事不過三嘛。也許是我和選舉無緣吧！」洪志傑開玩笑道。

時光未老，步履不停

今時今日，洪志傑社區辦事處依然在運作，他的社區工作也在持續進行。2020年初，新冠疫情在全球爆發並迅速蔓延，為了街坊安全，洪志傑希望購置一批口罩派發給街坊。但那時香港「一罩難求」，街頭各處排起搶口罩的長龍。民建聯沒有，政府沒有，全港都沒有口罩。洪志

傑幾經波折，在朋友的介紹下找到一家商舖仍餘有庫存，一盒280港元，老闆直言「今天不買，明天330」。洪志傑自掏腰包，購置了十盒回去在大年初二派發給街坊。一盒50個，十盒500個，雖然僅僅是杯水車薪，卻是洪志傑對自己當初競選承諾的無聲回應。

「疫情最嚴重的時候，我們逐家逐戶去敲門分口罩，不要街坊下來拿。」洪志傑表示，當時疫情的恐懼籠罩在每一個街坊的心上，很多人都不敢落街。「口罩稀缺到什麼程度，一個家庭四隻口罩，有的家庭真的需要多一隻，但我們都沒有辦法。」這就是做社區服務必須要的：以民為本。

三十而立，力求進步

轉眼間加入民建聯就快10年了，洪志傑對這個陪伴自己多年的政黨也有了不同的認知。以前，民建聯對他而言，只是一個政黨，但經歷這些年，他對民建聯多了一份感情，「於我更像家庭。哪怕有些成員之間並不熟悉，僅僅見過一兩次面，但仍有情感聯結。只需要很簡單的一句，『大家都是民建聯的』」。

風風雨雨，回首往昔，感慨良多。洪志傑說，有許多街坊反映，在社會壓力下不夠膽表達個人觀點、個人立場；也有很多街坊一路支持政府，支持民建聯，但他們的有些訴求卻遲遲難以達成。「民建聯30歲，是時候做一點調整、改變了，不斷反省自身，不令真心支持我們的街坊失望，這是我們要做的，我希望民建聯未來能發展得更好。」

登山不以艱險而止，則必臻乎峻嶺。邱吉爾說，成功就是從失敗到失敗，也依然不改熱情。真正的成功者，從不在意一時的得失榮辱，亦不在意世俗之見，而是在專注和熱忱中找尋自身的意義，不懈地追求自己的心之所向。有點像洪志傑風雨兼程的社區工作，永不停歇。

09 胡健民

棄商從政
赤誠為港

▶ 民建聯

掃描二維碼觀看訪談

他曾經是工廠裏擰螺絲的工程師；

他曾經是辦廠創業的成功商人；

他曾經是經過直選洗禮的區議員；

他也曾經是能握槍瞄靶、摸冰冷屍體的輔警總督察；

他現在的身份卻是政府官員⋯⋯

這些看似風馬牛不相及的，卻都是胡健民的真實人生寫照。

自1993年開始，胡健民便一直以不同的角色服務社會，到2010年更放下大部分生意，棄商從政，加入民建聯，積極參與地區服務，先後6次參與地區直選，多年來均走在愛國愛港政治工作的最前線。

青年商會改變人生軌跡

土生土長的胡健民來自基層家庭，外表溫純斯文，是香港人心目中典型的「乖乖仔」，由於在英國高等程度會考成績優異，他獲得獎學金及香港政府的助學金，到英國倫敦大學帝國學院修讀機械工程系學士。1990年回港發展事業，先後在兩間不同的玩具廠任職9年多，至2000年正式自立門戶。

「我的父母是六七十年代時非常典型的工廠仔、工廠妹，他們兩個都在港資工廠打工，所以我在港島東區出生長大，兒時住在鰂魚涌的工廠宿舍。因為出身的環境，所以自己有興趣做廠。」

胡健民說，一直想自己做生意，但由於沒有在香港讀大學，自覺欠缺人脈，所以需要認識多一些人，了解香港的最新情況。「當時攤開報紙，看到香港青年商會(現名國際青年商會香港總會)，相信那裡肯定有很多青年商人，所以就加入學學怎樣做生意，拓展一下圈子，沒想到，原來那裡不是教你怎麼做生意的，是教人服務社會、做領袖的。」

　　命運就是這樣，這一次的誤打誤撞，令胡健民踏足了一片不一樣的天地，他覺得「挺有意義」。

　　就是由此開始，他再也沒有離開過服務社會的工作。「任何一年都沒停止，之前在廣東東莞開設家居裝飾品工廠的時候，一週縱使要來回香港幾次，也一直不停地以不同的角色服務社會。」

　　之後在2007年，他成為國際青年商會香港總會會長，「認識了很多人，政府也因此留意到我，委任我加入了不同的諮詢委員會，和政府有了更多的聯繫。」

　　隨著人脈關係愈來愈廣，有人就向他建議：「現在反正你已經服務社會了，不如出來參加選舉啦。」2010年，曾蔭權政府提出政改方案，並以「起錨」作為宣傳口號，胡健民奠定了自己的從政想法。

　　「當時我代表不同的團體，寫文章支持政改建議，那時有很多與反對派同台對質的機會，例如當時立法會議員梁家傑，他們說的明明就是歪理，我不認同，就與他們辯論。」就是在那個時期，他決定要參選，帶著自己的信念為社會出一分力。

09　胡健民—棄商從政，赤誠為港

參選區議會政途起步

由於住在大埔區，胡健民也順其自然在大埔開始了地區工作。「因為認識大埔區議會前主席黃碧嬌，所以2011年也就加入了民建聯，開始社區服務。」

胡健民說，除了因為認識「嬌姐」，加入民建聯也是因為認同這個政黨的理念，「是真真正正做地區服務的。」

2011年區議會選舉，胡健民第一次披甲上陣，選區定在了大埔怡富區，對手是號稱「大埔票王」的任啟邦，他自2003年起便出任該區區議員。這是非常難打的一仗。

「當時自己都知道不會這麼快（當選）的，但我認為不要緊，我就當是學習一下。選舉對我而言是一個新事物，我就是想要挑戰自己。」胡健民投入了很多時間和精力，盡力去選。

第一次區選，他以**1992**票的成績落敗。民建聯的高層問他：「感覺怎麼樣？還要不要繼續呢？」胡健民很堅定，「好！繼續選！」於是，在2012年立法會新界東選舉中，胡健民成為陳克勤選舉團隊的一員，在名單中排名第六，並幫助其成功當選。

這個立法會的選舉過程令胡健民保持了地區工作的動力。之後，「嬌姐」也與他分析，與票王對決勝算太小，不如轉區試試。「反正作為區議員，整個區域都要服務」，因此他轉到了宏福區。6年的地區工作沒有白費，在2015年區議會選舉中，胡健民以2120票成功當選宏福區區議員，政途開始展步。

為什麼香港會變成這樣

到了2019年，社會環境發生了翻天覆地的變化，民建聯的候選人首當其衝，成為被針對的目標。「當時也是預料不會贏了。那時的環境實在太恐怖、太誇張，我和『嬌姐』的辦事處在夜晚被人放火燒過三次，我自己也被人包圍推撞過。」

他記得，在2019年11月中的一日上午，東鐵線路軌被人拋擲了雜物，列車服務受阻，許多往九龍市區的人只能四處找巴士搭乘，但很多人不知道巴士站在哪裡，遂在廣福巴士站附近排起了長龍。正在開街站的胡健民隨即成了市民的「諮詢點」，解答各人的疑問。但發現現場有20幾個人卻一直站在原地。

「當時我就覺得不對勁，於是我馬上告訴同事，『如果有人圍我記得第一時間報警』，之後他們果然來圍著我，推推撞撞，罵粗口，我也就只能站在那被人指著罵，很多人站在那看；不過最後他們也都放我走了，可能他們不是要我身體受傷。」

就在胡健民被包圍的不遠處，有兩輛警車，但沒有警員過來給他解圍。事後他了解到，警車在疏導交通，車上僅有的幾個警員也未必敢過來。

這件事後，胡健民還是有些怕了，信心也動搖過。

「為什麼香港搞成這樣子？我就是想要服務社會而已，為什麼要令我受傷呢？我還有沒有能力服務這個社會呢？如果有人捅我一刀，或者我要受傷入醫院，我怎麼和我的家人交代呢？我是為了什麼呢？」一連串的問號在腦海閃過，甚至太太也勸他不要做下去了。

胡健民說，雖然太太嘴上說反對他這樣「搵命搏」，但實際上內心認同他做的地區工作有意義，也很支持他。

這一次的區議會選舉，民建聯在大埔區全部落敗。面對這個不願接受，但又必須面對的結果，任何一個盡心盡力服務社會的人都會覺得灰心。胡健民也陷入了沉思，在考慮自己投入10年的工作會不會就此付諸東流。

不過，2019年的失敗之後，又要迎來2020年立法會的選舉。「我已經幫手（陳）克勤兩次，沒理由這次不幫，也就想著幫他連任先，所以我也就沒有退縮。幫完這次再說吧！」而由於新冠疫情的關係，這一次的選舉押後了一年舉行。

做官員與做地區大不同

2021年10月18日，胡健民原本已多姿多彩的經歷，再次進入一個新的里程碑，他被委任為香港特區政府政制及內地事務局副局長，接替提早離任的陳帥夫，成為民建聯向政府輸出的另一位政治人才。

經過幾個月的工作，胡健民慢慢發現，區議員和官員的角色有很大的不同。「做區議員的時候，可以把居民合理的建議向政府反映，具體怎落實未必需要知道得很清楚；而做政府官員就每一步都要想得非常周到，例如一個政策做不做、怎樣做、誰負責做、要花費多少錢、效果如何⋯⋯這些都要考慮清楚，在過程中不能有任何閃失。無論是結果還是過程，如果做得不好，市民都會罵你。」

那應該如何平衡政府政策和市民期望之間的落差呢？胡健民說，政府推出的每一項政策、每一項措施都不會人人感到滿意，只要政府在通盤考慮後，力之所及情況下，選取一個最適切的方案就行，若在宣傳方面做好些，相信大部分市民可以接受政府合理的解釋。

「政府在政策措施宣傳和解說方面可做得更好。」

做了多年地區工作，胡健民坦言這些經驗對他加入政府有幫助。「我更接地氣。例如在社交平台出一個帖子，我會從市民、議員的角度說出對這個帖子的感覺，與公務員同事優勢互補。」

剛剛加入政府，胡健民其中一個主要的工作是協商香港與內地通關，可惜最終未能如願，及後香港第五波疫情爆發，短期內更是通關無望了。但胡健民說，過程中他學到了很多東西，包括必須的兩地對接工作和期間各種的考慮因素。

「可以講講為何遲遲不能通關的內幕消息嗎？」「等我先想想，我可以說嗎？」官員的謹言慎行，短短幾個月，多少也有些了。做官員不就應該這樣嗎？這是好事。

非一般的見習督察經歷

棄商從政，帶給了胡健民不一樣的經歷，但這些，在他看來，還不是最難忘的。

「如果不是參選區議會，我一定會繼續做輔警，完全是另一類工作。我做幫辦的時候很開心，工作很精彩。」

胡健民在英國讀大學二年級的時候，打算回香港找工作，一個招聘廣告給他留下了深刻的印象。「警察督察，一年有六個星期的假期！」但他回港後還是選擇了自己喜歡做的工廠工作。但在工作之餘，他也選擇了做輔警，因為可以滿足他做警察的「癮」。

「1994年，胡健民當上了輔警警員，兩年後便已晉升為督察，之後更升級至輔警總督察。直至2011年參選區議會選舉才必須辭去輔警的職務。」

「做輔警督察的時候最過癮，輔警配槍的，穿上整齊軍裝有警察的Feel，當總督察則多數坐在辦公室安排工作及開會，沒有那種前線警察癮。」

胡健民記憶猶新的是1997年在西營盤七號差館當見習輔警督察的時候，每逢週日上班，他都有很大的滿足感。有一次，他一日之內要寫三份死亡報告。他記得早餐都沒有吃，就跑去死亡現場，然後詢問證人，再到停屍間檢查屍體。

「我不害怕，也會看很久。我會說，我要檢查你的身體，看看有沒有人謀害你，要知道你的死有沒有特別原因。因為最後我要簽署這份死亡報告，所以要很謹慎。」

除了和屍體打交道，胡健民也不時要去查當區的「一樓一鳳」，要調查那些「鳳姐」有沒有被人操控，是否已經成年，場內有沒有被通緝人士等。「為何要做這行業？」「欠人錢。」「可以有其他辦法解決的。」這些對答，是做工廠完全沒有的體驗。

胡健民說他真的會開槍。「輔警每年要經過三次槍械訓練，射中百分之七十五才算過關。我？我大概百發百中的，現在還記得怎開槍。」

服務市民永不言棄

今年是民建聯成立30年，轉眼之間，胡健民這個「神槍手」也在民建聯度過了十二個春秋，他最開心的是，認識了很多對香港有承擔的人，彼此一同經歷了香港困難的大時代，無論輸贏都沒有放棄過。

「很開心能成為民建聯的一分子，雖然我加入了政府，希望民建聯不要把我當成不是民建聯就好了，大家一直是合作夥伴，將來也要繼續一起服務市民。」

胡健民說，在「愛國者治港」的新制度之下，壯大不僅僅是看議員人數的多少，民建聯的未來還會有更多機會，影響力也會更大。外間時有批評民建聯，胡健民視之為鼓勵，「這麼大的政黨，四萬多會員，這麼多的持份者。聯盟在不斷地改變，雖然不會完美，但現在做到的已經算很優秀的了。」

2011年之前，胡健民除了開自己的工廠，又要做地區工作，又要出任輔警，忙得不可開交，但原來那並不是最忙的時期，現在的工作反而更緊湊。

「當年是熱誠蓋過了一切，我睡得很少，四小時就夠了。但現在要睡六小時才夠，每天在政府要連續工作十幾個小時，停不下來。特別我來自民建聯，我要證明給大家看，我係得嘅！」

10 梁熙

爭一口氣
化壓力為動力

▶ 民建聯

掃描二維碼觀看訪談

王寅年新春伊始，民建聯創黨主席、立法會前主席曾鈺成為新任立法會議員梁熙寫下墨寶揮春「梁熙爭氣」四個大字。無疑，這別具一格的揮春，背後凝聚著對梁熙殷切的期望。

梁熙明白，這揮春是對他的一種鼓勵與鞭策，雖然當選了議員，有了4年的機會，但若做不好，或許4年後便不能延續這一席位，他能做的是一定要爭氣。「很不容易能夠保住了港島東議席，我梁熙不能辜負大家的期望，努力做好這四年！」梁熙的眼神是堅定的。

單看履歷，梁熙是近乎完美的：80後的年輕一代，出身於富裕家庭，美國南加州大學工商管理畢業，後又讀完北京清華大學碩士課程，在內地工作10年……這一切都是令人羨慕的，但已經做了10多年地區工作的梁熙卻有點不以為然，「我和一般朋友的生活模式一樣，哈哈，可以問問我身邊的朋友我離不離地。」

梁熙的父親梁英偉，是廣東省東莞市樟木頭鎮最大地產發展商之一，也是香港中文大學新亞書院校董會主席。身為「富二代」，梁熙的心態是「家中的財富向來與我無關，我知道我肯定不富有」。

社區服務改變人生觀

梁熙從小在港島區居住和讀書，後來到美國南加州大學讀工商管理，大學畢業後幫手家族生意，一個人到樟木頭從事物業管理的工作，一做就是10年。期間他加入了東莞同鄉會，2008年開始接觸社區工作。

梁熙回憶道：「當時在油麻地社區會堂幫小學生補習，不少義工幫忙照顧這些小朋友，以減輕很多年輕家庭的壓力，之後深入了解到這些義工都是民建聯的，因此被他們的服務精神觸動，對這個組織就有了認識，也知道他們真的很有心。」

他說，無論是在香港還是美國讀書，接收的信息總是「賺錢」，「但突然見到這班人真的不是講錢的，而是真的為民服務。」這樣的衝擊，令梁熙對世界的看法開始轉變。

作為東莞商會會長，經由一個會員介紹而認識了立法會議員劉國勳，又通過劉國勳認識了監委會主席盧文端。四年半前，梁熙加入民建聯。選擇這個政黨的原因，正是被民建聯扎實的地區服務深深觸動。

加入民建聯時，梁熙並沒有想過要去參選。「但完善選舉制度後給了我們不同的機會。」

民建聯推行了不少培育政治人才的計劃，「賢路」人才甄選計劃便是其中之一，該計劃是從民建聯會員中，選出具備政治才能及品德的治政人才加入該黨人才庫，用以參選立法會、加入政府問責團隊等。

梁熙說，參加「賢路」對他來說是一個轉折點。「粗俗一點說就像是選港男一樣，全方位什麼都要看，包括講話技巧、各方面的知識水平、辯論技巧、世界觀……這個過程就是在評估你是否適合參選。」

當葉國謙通知他，要代表民建聯去參選地區直選時，梁熙說感覺有點意外，但還是很開心的。

因為西灣河一語成名

當時的梁熙雖然已經是民建聯的常委，但知名度並不高。但沒想到，一個選舉論壇上，梁熙因為口誤，將爭取建「小西灣地鐵站」講成「西灣河地鐵站」，而一語「出名」，一夜之間便成為網上「紅人」。

雖然事過境遷，梁熙依然難忘。「這件事給我的經驗教訓是以後『講嘢要好小心』，不過，對我來說這樣也不是一件壞事。」他說，有前輩告訴他，作為一個新人選舉時，「No news is bad news」，沒有人認識你反而肯定贏不了。負面新聞若不傷害選民，便算無傷大雅。「當然我要對我的口誤致歉，口快過腦，不應該犯這個錯的。」

2021年香港島東席位競爭激烈，到了選舉後期，不少民調都顯示，梁熙遠遠落後其他候選人，極有可能輸掉這一席。不少人都為梁熙捏了一把汗。民建聯的高層們亦頻頻出動，替他拉票。譚耀宗深入「白區」勵德邨、曾鈺成拍片力挺，只是為了每一張選票。「有些地區選民不會對你很熱情，甚至白眼相向，但是前輩們都願意站在最前線，我們也應該加倍努力。」

「選舉後期壓力很大，因為之前什麼事情都是只對自己負責，一個人承受就沒什麼大壓力，就像如果讀書Fail了一科，也就是自己承擔；但這次整個港島東這麼多的兄弟姐妹，民建聯多年的基礎，如果輸在我手上，那麼壓力就會很大，因為這不是一個人的事了。」

壓力雖大，但是否會失眠呢？「根本就不夠時間睡覺，所以我會爭取時間睡覺的，哈哈哈哈。」梁熙大笑。

春風得意馬蹄疾，一日看盡長安花──最終開票，36歲的梁熙以26799票贏了。而梁熙將這都歸功於「民建聯的招牌」：「絕對同我個人無關，是民建聯這三個字的招牌，51天的選舉期，大家認識我，是因為民建聯和我綑綁了。」

選舉期間，在網上有很多對梁熙的批評，而成功當選後卻突然消失了，梁熙知道那很多都是水軍。「當選民認識我後，慢慢才建立起了信任，大家也願意跟我溝通。」當選後梁熙堅持落區的習慣。

按照民建聯在立法會的分工，梁熙出任醫療衛生政策方面的發言人。他認為，基層醫療預防勝於治療，「推動私人醫院和公立醫院的分流是第一步，還要完善基礎醫療，例如中醫、牙醫方面。」

住劏房、扶貧感受基層苦

雖然是「富二代」，但梁熙看上去一點也不離地。除了地區工作外，梁熙體驗過住劏房，也經常回內地扶貧。

2021年，大公文匯傳媒給了梁熙一個挑戰，要他在旺角劏房住兩日一夜。「我借住的是一對母子住的劏房，大約一百呎，我的任務是要靠自己的勞力賺取當日的生活費用。」

　　結果他一天撿紙皮只賣了幾塊錢，連買一頓飯的錢也不夠，結果要主持人給了他吃飯錢。這次挑戰令他感受到香港低下階層非一般的生活，對於他而言也是一次難得的體驗。他事後在Facebook寫道：「『體驗』完成後，我最強烈嘅感覺就係，政府官員都應該去劏房住下、感受下，相信只要佢哋住過劏房，就會明白土地房屋問題，絕對需要馬上解決。」

　　「雖然住劏房是第一次，但之前去到汕尾扶貧的條件可能更加惡劣。」六、七年前，梁熙前往汕尾一個星期，教山區的小孩學英文。「那裡的孩子真的非常天真可愛，教什麼都像海綿一樣，吸收得很快。香港、北京的小朋友未必比他們聰明，只不過出身懸殊，令命運不同了，希望他們能得到多點機會。」

　　梁熙說，新冠疫情發生之前，東莞同鄉會每年都有扶貧活動，而每次做這些事情他都有很多啟發。他發現內地貧困的地方現在有了翻天覆地的變化，「國家的精準扶貧是有效果的。疫情好了我們也一定會繼續做下去。」

在民建聯年輕一代中，梁熙也給人「大男孩」的感覺，訪談過程中的談笑風生，多多少少印證了他是一個爽朗的「大男孩」。例如問他是否離地？他說「其實做地區工作很多人都離地的」，然後哈哈大笑；說選舉後期他很大機會輸，他說「我也是這樣想的」，然後又是大笑不止。

在梁熙眼中，民建聯的幾個前輩都是他學習的榜樣，他「毫無顧忌」的點評了民建聯的四位領導。曾鈺成腦筋轉得非常快，能做出平衡各方情緒的決定；譚耀宗是非常穩重，是非常有智慧的前輩；李慧琼這麼年輕便當了主席，足見其領導才能；葉國謙則非常有霸氣，面對不同意見的時候，往往能一錘定音。

這是在「擦鞋」嗎？「他們每個人身上都有我學習的地方。」

鮮衣怒馬少年時

加入民建聯只有近5年的光陰，梁熙對民建聯是無限感激的。「全世界都說你犯錯的時候，民建聯也依然很支持我。」

「民建聯是一個非常有愛的組織，這樣說或許有點肉麻，哈哈哈，但這是真的，民建聯包容你犯錯，還會給你機會及訓練，讓你不會再犯錯，也會給機會年輕人，支持更新換代，肯定是我一輩子都會服務的組織。」

梁熙說，民建聯提倡的「真誠為香港」不僅僅是一句口號，「很多義工沒有人工，無論環境多麼惡劣，但還是會站在最前線。我們是最忠誠、最愛國、最為民的主要旗幟。」

鮮衣怒馬少年時。梁熙做好了準備，「民建聯30年了，很不容易。我們年輕一代一定會努力，不辜負前輩的期望，一定會接好這一棒，將民建聯的招牌擦得愈來愈亮。」

只爭朝夕，不負韶華；必爭咫尺，不負眾望所託。這是梁熙的願景。

11 莊展銘
初生牛犢不怕虎

▶ 民建聯

掃描二維碼觀看訪談

足球場上的前鋒，永遠都是跑在最前面衝鋒陷陣的，他們披荊斬棘，以入球作為目標。31歲的莊展銘除了是球場上的前鋒，做起事來也似足一個「前鋒」，凡事總是跑在最前線，甚至不顧自身安危，2019年的元朗「721」襲擊事件中，走在最前線的他結果被人「打成豬頭一樣」，但他不後悔。雖然前輩勸說，君子不立危牆之下，但他堅持，「要做就去做，幫到人就是答案。」

莊展銘是土生土長的香港仔，2005年到英國讀中學，大學土木工程畢業後，2015年回到香港。莊展銘說，原本畢業後是準備投考消防員的，對於服務社會而言，消防員是需要付出汗水的工種，「年輕人想服務國家、服務香港，付出汗水是很重要的，要感染他人就要身體力行」。但曾任元朗區議員的父親莊健成對他說，服務市民有很多其他途徑。

2015年區議會選舉，莊健成以經民聯成員的身份競選區議員，作為兒子的莊展銘正好有機會嘗試了助選的工作，在過程中發現，地區工作是很有挑戰性的，又可以接觸市民，逐漸產生了從政的念頭。

莊展銘說，明明當時有很多人支持父親，但最終竟落選了，「要成功，除了市民的支持認同外，要有足夠的選票才行，我想研究爸爸到底輸在哪裡。」他得到的結論是，若要贏一定要加入一個有地區服務經驗的政黨，「我覺得民建聯很適合我」。於是，通過父親認識了當時的民建聯立法會議員梁志祥，梁志祥又把他介紹給了民建聯元朗支部主席呂堅，在呂堅的推薦下，2017年加入了民建聯，不久之後更成為了民建聯支部委員。

莊展銘是幸運的，剛加入民建聯就可以準備兩年後的區議會選舉，戰場定在了元朗鳳翔區，這是一個難打的選區，對手是自1991年便常勝該區的麥業成。莊展銘說，剛做地區工作時遇到不少挫折，經過了幾個月後才上手的。「我希望透過選舉提升自己從政的經驗，每一個選舉，無論輸贏，都是令自己成長的工程。」

　　但2019年，社會環境不斷在變。莊展銘也難以避免的被波及。從1月到6月，選舉工程都順利進行，每個月他都感覺到當選機會愈來愈大，然而由7月開始，受社會事件的衝擊，已經逐漸接受了敗選的現實，反而變得更輕鬆面對。莊展銘坦言，自己是個有衝勁的、好勝的人，「從小到大我都是一個力求爭取勝利的人。」因此，縱然有心理準備，當時的失敗對自己還是有很大打擊，「選舉結果對我是一個重大的提醒，當時形勢雖然不利於建制派，但我覺得我們還有能夠做得更好的地方，特別是在和政府溝通方面」。

　　回憶起2019年，一切歷歷在目，記憶猶新。當時的元朗也是社會事件的一個風眼。莊展銘多次和不同政見的人口角，更多次被人包圍，最終需由警察護送離開。「我如果不發聲，就沒有了正確的建制聲音，我知道有人不滿，但也有很多人支持我！」

　　7月21日，元朗西鐵站發生襲擊事件。當晚，莊展銘收到街坊求助，說地鐵站有人打架，12歲的孫子回不了家，問他可否幫助把他們找回來。「於是我晚上10點多開車前往元朗西鐵站尋找孩子，當時現場

一片混亂，白衣人和黑衣人在四處爭吵打架。很多人迎面跑來叫我不要過去」。但莊展銘依然奮不顧身往裡走，最終找到了街坊要找的孫子，並協助他離開了現場。

但西鐵站情況依然緊張，莊展銘擔心有人被打傷，於是在夜晚11點多再次回到西鐵站，這次見到地下有很多雜物，血跡斑斑。「有人拿磚頭，也有人拿藤條指嚇我，我見到一位區議員被人打，我不幫他的話，他會更慘。」結果，在幫忙離開的時候，他也被人用木棍和藤條追打，下巴被打爆，手腳則被打瘀，他形容「被打成豬頭」。之後要去醫院驗傷，並養了一個星期傷。「我不怕被人『私了』，因為我在做正義的事情。」至於是被什麼人打，至今仍然是一個謎，「我沒想過會被人打，打我的有白衣人，也有黑衣人，很奇怪。」

那一晚，他凌晨三、四點才回到家。

事後有前輩跟他說，「君子不立危牆之下」，暗示那個時候他不應該「偏向虎山行」。這件事更把父親激到「紮紮跳」，因為父親認為太過危險，擔心他的安全。但他說：「我知道做決定前要思前顧後，但要做就去做，能幫到人就是答案。」欣慰的是，許多不同立場的年輕人都認同他的做法，「很多人都覺得我當時出手相助是正確的選擇。」這件事讓他明白了一個道理，「地區工作除了要燃燒不停的熱誠外，家人和朋友的支持是很重要的。」

莊展銘的不顧一切不只這一次。2018年，一輛的士在尖沙咀圓方商場附近發生翻車交通事故，27歲的莊展銘恰好路過現場。他看見司機正努力掙扎爬出車外，「我第一時間告訴我旁邊的人報警，然後自己下車跑過去想把司機拉出來。當時，有人在天橋上大喊讓我走，說車可能會爆炸，最後我還是扶著他出來，車也沒爆炸。」莊展銘的舉動是發自內心的。「那位的士司機一直在多謝我，但我不是想要他的多謝，如果我親眼看著他受傷，我自己的良心不安。」莊展銘沒有在現場逗

留，而是把自己的電話號碼給了司機，說如果有需要可以再聯繫他。「我做的是過得到我良心的決定，總好過事後後悔，我不是想爭取甚麼曝光，因為那些決定都是在現場那一瞬間做出的。」莊展銘說。

在社區工作中，真正的付出反而常常是許多瑣碎的小事併湊而成的。莊展銘的地區工作也是腳踏實地走過來的，3年來，他處理了超過一千宗市民求助，交通問題，食肆問題，甚至要在凌晨4點親自去街邊「捉老鼠」，這些都不是什麼大的事情，但卻又不輕鬆，更有些「吃力不討好」。但莊展銘不介意去做，甚至主動為老人家開辦「電話班」，教他們使用智能電話與家人聯繫。他非常享受自己能夠幫到街坊的過程，「做了一點很少的付出，得到的回報超乎你的想像。有老人家的子女特意走過來，多謝我教會了老人家用電話，很開心。」

「全力服務市民」是莊展銘的初心，「不吝付出汗水」是他一直以來堅守的道路。加入民建聯短短幾年間，莊展銘感覺到自己成長快了，

「我跟前輩們學習到很多，學習到如何為人處事，如何向政府提出建議，也認識到很多朋友，我現在更有能力去服務更多市民了。」但他承認做地區工作以來，少了時間陪伴家人。

作為90後的一代，莊展銘希望改變香港年輕人對國家的看法。「如果連愛國的心都從來沒有，那何來認同」。他不想因為香港課本上的知識而影響了未來年輕人對共產黨、對國家的看法。「現在很多年輕人對共產黨有偏見，所以我也想提議在書本的內容上能夠擺正觀念。」莊展銘現在除了做本身土木工程的工作外，在地區工作上一點也沒有放鬆。他透露，正籌備在元朗區舉辦歌舞表演，宣傳中國共產黨，同時慶祝香港回歸祖國25周年。

談到民建聯這些年的變化，莊展銘說：「以往的民建聯主要傳承愛國愛港的四大理念，是比較保守的，現在在新時代下，民建聯已經勇於嘗試，敢作敢為了。」他希望，民建聯在將來除了能夠保留原有的支持者外，更應該發掘新的、年輕的支持者。雖然這方面有難度，但相信可以做到的。

對於許多政界前輩常常教育他做事不能太衝動，莊展銘笑道：「5年前的自己肯定更加衝動，如今已經有所進步了。」相信隨著時間的沉澱，歲月的洗禮，人會更加成熟穩重的。但前鋒的角色，這些年都不會變的，至少他能跑，能衝鋒陷陣。

11 莊展銘—初生牛犢不怕虎

12 許正宇

堅定步伐向未來

2020年4月22日，新華社發出新聞稿，指國務院根據行政長官林鄭月娥的提名，任命許正宇為財經事務及庫務局局長，43歲的許正宇成為特區政府最年輕的局長之一。這是問責制下，民建聯向政府輸出的又一位政治人才。

作為特區政府歷來最年輕的局長，許正宇給人的印象是沉穩和務實。一路走來，從頂尖學府牛津大學畢業，到出任特區政府政務主任；離職攻讀工商管理碩士，歸來轉戰金融界，任職港交所、金融發展局；再到如今任財經事務及庫務局局長。許正宇胸懷抱負和家國情懷，至今的每一步都邁得堅定而從容。

家，國

1974年，許正宇的父母來到香港尋找新的人生座標。儘管他們都是內地大學畢業生，但來港後學歷不獲承認，一切只能從零開始。在街邊做過果販、在電子加工廠打過工，許正宇仍依稀憶起幼時住過兩年板間房，「阿爸會在客廳裏串線圈。回到廠裏就用手掌度量機器的大小，暗地裡抄下牌子，一心想買類似的機器做個小老闆。」而許父終靠著「以信立業、以誠待人」的港產精神，如願自立門戶。母親從小就教育許正宇姐弟倆，要努力學習，掌握祖國需要的才能。他從6歲起，每年都會跟著家人回鄉探親，親眼見證了內地的飛速發展。

許正宇身上重視家國觀念的精神特質，也許正是來自父母的耳濡目染，言傳身教。

1995年，許正宇憑藉出色的成績獲得李兆基學位獎學金，隻身前往牛津大學攻讀哲學、政治及經濟學士課程。3年的時光裏，許正宇吸取知識、豐富自我，獲取了更為廣闊的國際視野。作為香港學子，他亦有機會清楚認識到國際對香港的看法和香港的國際價值。「當時

（留英）的華人學生大多來自香港和新加坡，鮮有內地生。我們能夠以一個橋樑的角色幫助他們解讀中國。」這為他今後如何制定金融發展政策，以吸引國際投資奠定了基礎。

留英的3年時光裡，許正宇體會最深的，是濃濃的思鄉情。留學生對香港、對國家的情懷並非是「拋頭顱灑熱血」的氣壯山河，更寄寓於暢想香港未來的理想漫漫。「人在他國，就算有再好的發展，始終不是自己的地方。」如草木般渺茫的思鄉情，在異國他鄉的日月更迭中嬗變為扎根香港、發展香港的家國情懷，牽繫心壁。1999年，香港特區政府招聘政務主任，剛畢業不久的許正宇被錄用加入政府。

道同而相為謀

許正宇的事業發展可說是一帆風順。加入特區政府為政務主任，曾服務經濟發展科、香港特區政府駐北京辦事處和民政事務總署，之後在私人市場跨國企業就職。

2008年，剛從上海回來香港交易所工作的許正宇因自身對香港社會事務的興趣與關注，開始著手了解政黨運作。許正宇表示，在當時的各個政黨中，民建聯的愛國愛港立場最明確，並且十分積極主動吸納會員，構建人才網絡。同時民建聯對人才培養的重視也吸引了他，許正宇笑稱是自己「盲衝衝」打電話到民建聯申請入黨的。

他依稀記得，當年到民建聯灣仔辦事處填寫入會表後，是時任民建聯灣仔支部主席孫啟昌跟他面試的，「他很友善，也很好奇問我為何要加入民建聯。」

許正宇回憶道，自己當時的會員號碼是3000多號，目標是會員數目要突破萬人，「如今民建聯已經有四萬多名會員了，規模不斷壯大。」

許正宇認為，不同人有不同的優勢，他對自己有一個清晰的認知與定位，自己本身的優勢在於金融專業領域以及政策倡議上。「我一開始就加入政策委員會及專業事務委員會，和大家一同探討議題，例如投資者保護、市場發展等。」

那時候民建聯的晚間會議使許正宇受益匪淺。過去在金融界總是難以兼顧到社會層面，乃至政策的落地實施。而政策委員會成員們不同的背景、思考方式，如何將社區大眾的觀點引入政策之中，又如何將政策解讀給受眾，恰好給許正宇開闢了除金融以外的新視角，對他而言是十分寶貴的學習經驗，「有很多觀點是我從未聽過的，所以哪怕平時工作很忙，我也會在下班後盡量參與。」

民建聯舉辦的一些活動也給許正宇留下了深刻的印象，「曾鈺成前主席那麼繁忙，還肯花時間幫會員搞讀書會，這是很難得的。」

2020年4月22日，許正宇在政途上更上一層樓，被任命為財經事務及庫務局局長，那一年，他年僅43歲。

轉眼間出任局長已經兩年多，許正宇認為，做官員和做其他工作所不同的是，官員講的話有影響力，而從政給他提供一個必要的工作環境去推動想做的事情，「我至今都不大覺得自己是在從政。因為無論做任何工作，都需要『以理服人』、『以情服人』，這也正是我現在工作的重點方式之一。」許正宇說，在民建聯的經歷為他現時擔任問責官員帶來一些啟示，「人與人之間的相處、處事方面，需要有三個『強』。」

　　民建聯帶給他的第一個「強」，是要擁有一顆強大的心臟，秉持著堅定的信念去做事。做政策常常會覆蓋到範圍較廣的人群，人心不同，各如其面，一定要有一顆大心臟，包容通達才能推動政策的實施。

　　第二個「強」，是強大的人的基礎。許正宇認為，在政府工作，想要落實政策需要人去推動，而不是自己單打獨鬥。「我們要通過思想及行為影響人，讓更多的人認同你及你的目標和工作。」

　　第三個「強」，是強大的組織力。千人千面，處境、訴求各不相同，如何在每日的工作時間迸發出共同的思想和於民有益的意見，至

少使人信服你的觀點，這就需要強大的組織力，政黨的發展亦是如此。一個政黨想要往前走，一定要有強大的組織力將人心匯聚到一起，共同向前。

助人助己

如果說民建聯是許正宇政途上的領路人，參與慈善活動則是啟發他的另一個平台。

2008年，許正宇與當時的女友(即許太)加入一個慈善基金，主要運用環保理念，義務為內地偏遠的農村設計和修建便橋及村莊設施。

許正宇依然記得第一次參與基金的活動，跟隨團隊前往雲南茶馬古道建一座步行橋。同行的包括已年屆90歲的鍾逸傑爵士，一路舟車勞頓，乘坐幾小時的飛機、巴士，他跟著大家一起和水泥、鋪路。在許多年輕人都已疲憊不已的時候，鍾爵士仍然幹勁十足。許正宇深受感動，任何艱苦的條件與環境都難以動搖堅定的信念。而在這座橋開通後，一位60幾歲的婆婆為了表達感激，把家中僅有的幾隻蛋送給了許正宇，「婆婆說非常感激我們，等這座橋已經有20年了。」

許正宇夫婦深刻感受到，「不單是我們可以幫到村民，村民也幫助我們來自香港的義工認識自己，令自己成長。」

以年輕的心態走向未來

自2008年加入民建聯起，十幾年匆匆過去，許正宇說，最大的感受就是民建聯在不斷地變化，不斷地壯大，不僅是在成員數量上，更是在不同領域和層面上。「更專業了，也更年輕了。多了許多不同界別的人才，青年人也多了。」如今民建聯正逐漸從培養選舉人才向多元化及專業化人才轉型。

　　隨著選舉制度的完善，香港踏入新的發展階段。許正宇認為，「選舉僅是民建聯參政議政的工具，而非目的。在未來，如何有效收集民意，反映民意，並將民意落實到政策中，是我們需要持續推動的事情。」

　　在治港人才的培養方面，許正宇認為，未來的民建聯新一代需要「軟硬兼施」：培養個人政策倡議的硬實力和溝通表達的軟實力。民建聯作為一個跨階層的政黨，所提出的政策倡議不能局限於某個層面，一定是要滿足整個社會的長遠需要。

　　「三十而立」，今年是民建聯成立三十周年。或許有人以為，對一個政黨而言，30年彷彿是到了發展的頂峰和逐漸不再年輕的象徵，但許正宇並不這麼認為。「年輕不是政黨的一個時期，過了就不再，而是一種心態和理念。」他希望民建聯能保持住如今的活力與衝勁，繼續走向未來，永遠長青。

13 郭芙蓉

「小花」再定義

▶ 民建聯

掃描二維碼觀看訪談

媒體熱衷於將年輕的政壇女性稱為「小花」，90後的郭芙蓉便是民建聯近年冒起的「小花」之一。「小花」代表著年輕、美麗，同時也帶來一種脆弱、易碎的轉瞬凋零之感，但郭芙蓉這朵「小花」，不是插在花瓶裡供人觀賞的靜物，而更像是一朵靈動地搖曳在山裏風間的梅花，凌冬耐寒、堅毅剛潔。

不經一番寒徹骨，怎得梅花撲鼻香？郭芙蓉對此深有體會。今天的一切都是用時間、用汗水換來的，一是不做，要做就要做到最好。

18歲的時候當選所居住地方的公屋互助委員會主席，2015年首次參選區議會便一鳴驚人，在2019年的艱難環境下，更守住了經營多年的選區，郭芙蓉一直在用行動實踐民建聯「用汗水灌溉社區」的口號。她說，深耕細作是做地區工作的不二之門，對於出身基層的她來說，不怕吃苦的性格造就了今天的她。

嫩芽新發，持戈試馬

1990年，郭芙蓉出生於福建莆田，1歲時跟隨母親來到香港，在香港成長、讀書、工作，渡過了人生每一個重要的階段。

她幼時居住的破舊唐樓，如今已搖身一變成為摩天大廈萬景峰，「當時這裡衛生好差，我返學、放學都需要家人接送，地上有很多針筒、垃圾，十分污糟。」郭芙蓉的父母都是學歷一般的基層人士。母親是家庭主婦，父親在橡筋廠上班。在她眼中，父親是一個充滿老派獅子山精神的香港人，刻苦耐勞、肯捱肯幹。小時候父親為了養活一家四口，別人不願意幹的活、不願意加的班，父親都爭著去做。而郭芙蓉的父母為了讓孩子銘記歷史，常給她和弟弟妹妹播放關於日本侵華戰爭時人民英勇抗戰的影片。就是這種家庭氛圍，令郭芙蓉對中國人身份認同感愈趨強烈，老一輩獅子山精神亦根植在她幼小的腦海中。

2008年，郭芙蓉結束了自己的中學階段，準備開始人生新的篇章。儘管仍在等待高考放榜的成績，但一向成績優異的她並不為此感到擔憂，而是打算利用暑假的空間尋找為社區貢獻的機會。當時郭芙蓉居住在深水埗的公屋海麗邨，這個社區居住著許多新移民家庭以及基層人士，許多孩子缺乏教育補習資源。

「不如就在自己每日居住的樓裡，做一些人們最需要的、我亦力所能及的義工服務。」於是通過海麗邨的民建聯辦事處，郭芙蓉開始運用自己所學知識為小朋友提供免費補習。

就是這樣的緣份，郭芙蓉認識了第一位民建聯的前輩，如今民建聯的中堅力量、時任深水埗統籌主任的陳偉明。談起陳偉明，郭芙蓉不禁驚嘆，「看他20年前的照片，跟現在是完全沒有變過的。」而在經過補習一事後，郭芙蓉發現民建聯的義工活動都十分接地氣，也明白社區家庭真正所需所想。

在做義工的過程中，郭芙蓉加入了海麗邨互助委員會，並開始著手研究如何競選主席。這是郭芙蓉人生中第一次接觸選舉。

年方18，持戈試馬，勇於嘗試，不怕受挫。努力終究沒有白費，郭芙蓉以18歲的年齡成功當選互助委員會主席。就是這個互委會，令她的人生觀悄然發生了改變，亦都成為她從政的一個重要起點。

她選擇的是一條和其他大學生不一樣的路。郭芙蓉考取了令無數人羨慕的香港科技大學工商管理專業，但一個天之驕子卻選擇在街頭派傳單，令很多同學不解，「如果是每日朝九晚五的工作，坐定定，其實很不適合我。我比較喜歡有挑戰性的、有活力的工作。在冷氣房裡舒舒服服地是很多香港人的一種職業追求，但我的成長過程中受到很

多人的幫助。在互助委員會的經歷大大改變了我的人生。賺錢是很重要的，這無可厚非。但錢是永遠賺不完的，而鞭策自己不斷地成長並在不同的平台幫助他人，能獲得另一種成就感。」

　　2012年，郭芙蓉從科技大學畢業，並加入了民建聯，開展了在葵涌區的地區工作。「我中學就讀於葵涌天主教母佑會蕭明中學，而且這裡有很多莆田人，鄉親們感情很濃厚，因此我對葵涌也有深厚的情感。在葵涌服務的頭幾年，民建聯及同鄉會對我這種初出茅廬的年輕人，給予了很多支持。」與葵涌鄉友的緊密關係，以及她對葵涌的獨特情感，郭芙蓉的社區服務做得有聲有色。

梅花香自苦寒來

　　起初郭芙蓉對區議員的工作了解有限，這個詞離她遙遠而陌生。「區議員到底是什麼？當年我讀書的時候，沒有同學的志願說是要做區議員。」在加入民建聯後，郭芙蓉才認識到，區議員正是市民與政府

溝通的橋樑。政府之所以有些政策做得不夠好，不夠接地氣，難以解決基層市民真正所需，正是由於政府未能懇切地聆聽民意，亦是區議員職責的缺位。

郭芙蓉在葵涌大白田區進行服務時，在立法會議員何俊賢辦事處做政策研究的經歷，使她敏銳地發現了當區一些民生問題仍有待改善。大白田區位於葵涌的東北部，依山而建，與地鐵站的直線通行時間約十分鐘。但由於依山而建的地勢因素，這段本不遙遠的路程充滿了樓梯與斜坡，居民出入十分不便。但20幾年來，當區並未有人關注到居民的需求，更未有人替當區居民爭取無障礙通道的建設。郭芙蓉對於在本區已連任20幾年的民主黨議員的口號式作風很不認同，「當時我想，如果我有機會當選區議員，一定會做得比他好，一定會更加關心市民。」她希望自己能將市民真正生活上的困難、對政府施政的意見傳遞給政府，拋開空頭支票，為當區居民真正做點實事。

13 郭芙蓉 ——「小花」再定義

求仁得仁，機會正好落到了郭芙蓉的手中。抱著這個初心，郭芙蓉參加了2015年區議會選舉，「要麼就不參選，參選了就一定要做到最好。」她堅持每天早晚開街站，目的是用時間換取居民對她的認識，用汗水博得街坊的支持。「想要獲得居民的支持度，你首先要有知名度。人家都不認識你的話，怎麼支持你呢？」

　　「深耕細作是不二之門。我的區有14個街站點，這是什麼概念呢？即使日日開街站，每天一個點，街坊再見到我已經是兩個星期後了。街坊會跟你說：『好久不見』。我只好自己更加勤力一點。」

　　憑著這種努力，郭芙蓉以2884票的成績，大勝在該區做了20年議員的民主黨徐生雄，成功當選葵涌大白田區區議員，為20幾年來原地踏步的選區注入了鮮活的能量。「小花」也一舉成名。

　　「我能打贏，歸根結底在於這20幾年來，社區在其治理下並未獲得進步與改善。這一點，當區居民肯定有著深切感受。」

　　而在當選後數日，郭芙蓉上了人生中最要的一課。一家媒體帶著一隊人以及一部巨大的攝影機，闖入郭芙蓉辦事處所在的寫字樓，並直接將鏡頭對準了她，要求她回應「種票」的指控。「人生中第一次在這樣的情況下，面對鏡頭以及媒體的無理質詢。但心中有底氣，因為我們從來不會做任何犯法的事情。」

　　遭到個別傳媒不實指控之時，許多居民知道後主動過來關心她、安慰她。「這樣的網絡暴力、語言暴力對我是一種很大傷害。」在民建聯法律支援以及街坊的支持下，她撐了下來。

　　2019年的區議會選舉正值香港社會風波，建制派的地區工作普遍受到負面影響與打擊。郭芙蓉作為愛國愛港的公眾人物，地區工作亦難免被波及，「不敢出門，基本都是工作跟家裡兩點一線。」她的辦事處在期間被人打爛兩次，均是有預謀、有組織的暴力行為，「有一次是

週日的下午3點，門口人山人海之時，那些人包住了全臉，拿著鐵管衝進來打爛玻璃，之後樓下有車接應他們離開。」家人非常擔心她的安全，而郭芙蓉始終堅信，自己秉持著愛國愛港的心並沒有錯，光明一定會回來。

當時的街站工作也受到阻撓。有幾次郭芙蓉在開街站前接到警察的電話，告知在附近的工廠樓下發現了許多腐蝕性液體，抑或是在附近發現了鐵通、鐵棍等，建議考慮關掉街站。無奈之下，郭芙蓉只能以電話、網絡維繫街坊，希望能用真情向街坊解釋真實情況。過往多年的社區服務，為民紓困的地區工作，都沒有白費。「在如此緊張的氣氛下，仍有一些街坊自告奮勇來幫助我們。」義工也一直堅持相伴，以實際行動支持。「當時已經沒有考慮到贏輸，只覺得要為了正義發聲，不管如何我們都要站出來，給市民真正的訊息、正確的價值觀。」

民建聯在這次選舉中遭受重大挫折，派出181人參選，僅僅取得21個議席。郭芙蓉是其中之一。她以2449票成功連任。

寶劍鋒從磨礪出，梅花香自苦寒來。面對一次次的風暴、勁敵、輿論、社會環境，郭芙蓉撐住了。十年間耐得寒、吃得苦，郭芙蓉逐漸在民建聯的舞台上盛放，成為市民信任的青年力量。

「小花」＝無限可能

　　信心與勇氣絕非與生俱來，只有不斷地嘗試和挑戰才可以克服恐懼。「人生有很多恐懼，克服它才能看到更多的風景。」

　　郭芙蓉十分怕水，亦不懂游泳。但郭芙蓉並沒有就此妥協，她選擇向自己的恐懼發起挑戰——去考了個潛水牌回來。「會了潛水後才發現水底世界的美麗。下一步我也要學會游泳，因為要陪女兒游，哈哈。」

　　郭芙蓉形容自己是一個非常好學的90後，她甚至給自己訂下「一年考一牌」目標，不斷充實自己。目前的戰績是，第一年考了車牌，第二年考了潛水牌，第三年考了地產經紀牌。至於下一個目標，她打算去報名考取一個測量師牌。

　　原來考地產經紀牌也和地區工作有關，「在葵涌大白田這個區，私人樓宇林立，有52棟單棟舊式私樓。我覺得要服務私樓需要不同的專業知識，不僅要面對業主，還有租戶及法團管理。這樣我對於一些樓宇買賣及租戶管理就可以更加熟悉。」

　　郭芙蓉也讀完了清華大學的EMPA公共行政管理課程，從商科向公共管理方面增值，思考如何將政策研究與地區服務做得更好。在這個課程中，郭芙蓉除了收穫畢業證書，更開心的是收穫了心靈相通的丈夫，他們便是透過這個課程相識、相知、相愛。

2021年初，郭芙蓉和新民黨社區主任廖添誠結為伴侶。儘管身處不同黨派，但郭芙蓉認為這種競爭是好事，「民建聯和新民黨的意見都會有不同的地方，例如民建聯一直推動的兩元搭車，新民黨覺得公帑應該用在其他更好的地方，這是一種良性的競爭。」回到家裡，兩人都會相互討論疫情下的民生事件及社會問題，思想的碰撞亦能為好的政策實施創造更多可能。

作為青年人，郭芙蓉認為應當跳出自己的舒適圈，不斷地探索。「近來短視頻等新媒體行業十分火爆，我報了抖音主播課程，什麼都要了解下。」這也成為郭芙蓉的優勢。她深知，大時代給予了更多的發展空間，Facebook及微信等社交媒體逐漸成為與街坊溝通交流的另一主力陣地。時代在不斷發展，唯有不故步自封，主動求進，才能貼近時代的變化。

民建聯砥礪前行

今年是民建聯創黨30年，亦正好是郭芙蓉加入民建聯的第10個年頭。回首往昔，年輕的「小花」也不禁感慨，「人生有幾多個10年？」在郭芙蓉心中，儘管那麼多年來民建聯在不斷變化、進步，但永遠不變的是民建聯提供的「貼地」服務。「真心希望民建聯繼續砥礪前行。」

14 郭玲麗

守護香港的未來

▶ 民建聯

掃描二維碼觀看訪談

每個人都有迷失的時候，特別是處於成長期的年輕人，那時候的每一個抉擇，都會影響一生，稍一不慎更可能遺恨終生。從一個迷途小羔羊，到為人師表、培育及守護香港的下一代，對新晉立法會議員郭玲麗來說，她慶幸自己選對了路，無悔這段青春的記憶，更多的是感恩當年沒有放棄她的那些老師。

從事了20多年的教育工作，今天的郭玲麗踏上了人生另外一個更廣大的平台，那就是在議會內幫市民發聲，這是她從來沒有想到的。

郭玲麗說：「當教師一個最大的感受，就是我們如何去影響到其他人，如何同學生建立關係，幫他們樹立感恩的心。當立法會議員的角色則任重道遠，每一個決定都是有影響的，現在應該考慮如何以教育工作配合香港整體發展。」

迷途知返，護航少年

郭玲麗出生在一個基層家庭，父親十歲出頭的時候從內地偷渡來香港，做地盤工人，後來在紅磡的觀音廟結識了在工廠做車衣女工的母親，二人組成家庭生下四個兄弟姐妹，郭玲麗排行第三。

郭玲麗猶然記得小時候住在木屋區，一家六口人，擠在面積僅六七十呎的單位內。因為家裏實在太小，轉身都不便，郭玲麗必須要到朋友家或者公園裡完成自己的功課再回家。這樣的環境使得郭玲麗從幼稚園開始就已獨立自主，自己返學、放學，還要和大姐一起幫家裡打井水、擔水，年僅幾歲小小的個子，擔著兩桶水，走兩步就不得不停一停，幾分鐘的路程兩人整整要用半個小時才行完。「這些說出來很多人都難以相信，但都是真的。」

長期在如此逼仄的環境裡，以鐵絲網為門，「我們在裡面做點什麼，外面都看得見。探出門口，還能看見隔壁屋的電視機。」家中亦多

次遭賊探訪，連安全都難以得到保障。這樣的生活一直到弟弟出生，姐姐發覺一家人不能再這麼生存下去，「我家姐那時候才小學，就已經自己去填表申請公屋，讓我阿爸阿媽簽名，因為那個時候家裡只有她識字。」

儘管那段生活很艱難，但郭玲麗如今想起那段日子，除了壓抑、擁擠，憶起更多的卻是那一份濃濃的人情味。

然而，郭玲麗中學時，姐姐靠自己日常的努力積攢了一筆積蓄，到國外進修。生活的重擔下，父母為生計要奔波勞碌，而郭玲麗三姊弟突然間進入了一種沒人管教的空間。

「有時父母回到家，會把一些壓力宣洩出來。而且那個年代，也多為打罵教育。」郭玲麗開始逃課，甚至接觸了一些有江湖背景的「大哥、大姐」。頓時，她猶如陷入沼澤的離群之鳥，沒了姐姐引導她返航，加上在家中的鬱悶，以及青春的荷爾蒙作祟，郭玲麗開始自暴自棄。

「我原本完全沒想過自己會繼續升學，我曾經放棄過，最反叛的時期，我甚至曾經嘗試過自殺。」

而這樣昏沉、無望的生活，在中五時迎來了曙光。「中五暑假的時候，有個小學同學突然找我幫忙做義工，在聖公會成長中心做長者社區網絡計劃的。」

儘管郭玲麗對義工活動一無所知，無聊之下，也決定抱著玩一玩的心態參加一下。在這個過程中，郭玲麗定期接觸老人家，傾聽他們的需求及關注他們的情緒健康，並報告給社工。這一次的義工經歷，如同臨崖勒馬的韁繩，徹底地顛覆了郭玲麗叛逆的生活。

驟然間，有點重生的感覺縈繞在她心頭，她好像發現了另一個全新的自己。

一如預料，中五考試成績並不理想，郭玲麗卻也成功升到中六。由於曾在成長的途中走過歪路、迷失過方向，那一刻開始，她便想成為一名教師，為少年們的成長護航，「因為教師可以育人，也可以幫人。」

「我很感恩當時中學的老師也一直沒有放棄我，很用心幫我。即使是蘇恩立校長也沒有架子，和我們一起吃飯盒，跟我聊天，關心我的情況。」

路永遠在自己腳下，怎麼走，能否做正確的選擇，除了身邊的環境影響之外，還是要看自己。郭玲麗慶幸自己的決定。

她仍然記得，19歲讀完教育文憑，實習時要帶的一個班，班上的學生15歲到18歲，自己也不過比他們大一點而已。有些學生甚至給人「江湖爛仔」的感覺、一臉不好惹的樣子。「但那一個月相處的時間很開心，我走的時候，學生們送了一大袋紀念品給我，還一起送我去坐車。」

在郭玲麗20幾年的執教生涯中，她遇到過各種各樣的學生，亦因一些當前制度下難以幫助到的孩童個案，而深刻認識到教育制度的缺陷。「曾遇到很多虐童的案子，社福界難以插手，學校社工也未必肯做，或不以為意。」

郭玲麗印象深刻的一次是，學生因淋雨全身濕透，她帶學生換乾衣服時，發現孩子身上佈滿煙頭的燙痕和被鞭打的藤跡。郭玲麗細細詢問，孩子說出了更多不堪的被家人虐待的經歷。為了學生，郭玲麗選擇了報警，並每日跟進這個案，補上社工的缺位。「對於有需要的兒童，應當有更加完整、妥善的制度來保護他們，而不是依靠個別老師的力量。」

從教師到從政

幼時的經歷，令郭玲麗深深明白基層家庭的不易。她仍記得，小時候去父親工作的地盤附近剛剛建好的遊樂設施玩，地面30幾度的大熱天，父親在工地下的溫度更高，工作環境非常差。地盤裡亦時常發生工業意外，郭玲麗的父親也遇到數次險境，失去了一根手指、摔斷過腿、整個腳掌骨碎，甚至曾觸電差點沒命……而在當時，這些工業意外全都得不到合理賠償，因工傷需要療養的時間裡亦沒有收入，這一切都需要基層家庭自己承擔。

「如今整個社會環境已經改善了許多，但仍不足夠。我們仍能看到許多工業意外，其實真的可以避免的，對於每一個家庭而言，一單都嫌多。」她發現，僅僅憑藉自己對有限範圍的學生的教育還不夠，需要有更大的平台，要從根本做出改變。

「其實從政和教書一樣，我都是希望幫人，但教育可以改變的有限，2014年後學校受太多政治因素影響了，學生根本不能有多元思考。」

她清晰記得，2018年的時候，有個學生很多怨氣，經常指斥政府做得不好。她就和那學生說，既然你有怨氣，為何不找一個平台發表意見呢？那學生對她說：「講來也沒有用，幹什麼要講？你這麼本事，你去做啊！」不知道是否這句話背後的激將法奏效了，還是命運注定的安排，郭玲麗決定要試一試從政，因為她想影響更多的人。

如果凡事缺少了實行的勇氣，那麼再有智慧與仁愛也是枉然。

要從政總要有途徑才行，恰好郭玲麗在參與香港工商總會的工作時，認識了本身是民建聯成員的名譽會長陳恒鑌，其後開始幫手做地區義工工作。在參與了兩年的社會服務後，郭玲麗和一眾一起參加義工活動的好友聊天時，民建聯的好友鼓勵她加入民建聯。

於是，郭玲麗在2018年加入了民建聯，從會員做起，邁出了她從政的第一步。但她坦言，以前對民建聯沒有感覺，因為「不知道是做什麼的，印象最深的是每年派掛曆，至於在其他方面做了多少，幫市民爭取了多少，完全沒有印象」。

郭玲麗加入民建聯不久後，於葵青大白田區馬上投入了地區工作。剛剛落區服務的她什麼都不懂，一切要從頭學起，儘管過程很辛苦，但郭玲麗覺得意義重大，「大白田區很特別，一半私樓一半公樓，且四五十年樓齡的舊樓非常多，劏房也非常之多。我自己估計同一個小區裡有過千個劏房。」因此儘管一開始看到就發憷，但郭玲麗愈幹愈起勁，她明白，自己的所作所為能夠真正幫助到區內有迫切需求的基層市民。

2019年，香港的社會事件影響了許多人，地區服務工作者更是首當其衝，「如果說不怕都是騙你的。」但郭玲麗覺得，自己身處最前線，如果自己都不站出來，她身後的義工又當如何？郭玲麗的辦事處曾在一星期裡被黑衣人反覆打砸了5次，甚至和同事一起開街站時被人包圍，同事更被追打。這些危險的經歷數不勝數，郭玲麗很不解，「我在這個區服務街坊，又沒有做錯什麼，為什麼要我受到生命威脅？」但她從沒想過放棄。自己做著正確的事，沒理由向暴亂低頭。

郭玲麗教過的學生知道她參選後，儘管十分不理解，但沒有任何人針對她、攻擊她；有學生罵民建聯，質問她怎麼會加入了民建聯；也有在《蘋果日報》工作的學生打電話來關心她，問她有沒有事。這些學生，儘管大家的政治立場不同，但卻認同郭玲麗為香港服務、為市民服務的地區工作。郭玲麗感到十分欣慰，自己的教育並沒有白費。

2019年區議會選舉，郭玲麗以2407票敗給民主黨成員劉貴梅。這一仗並沒有打擊到郭玲麗，但她最痛心的是辜負了街坊的期望以及義

工們的付出，「這是我最難過的地方。」有些義工選舉後抱着她忍不住地落淚。「但結果就是結果，我想要幫助街坊，那我自己都要重新站起來。」郭玲麗在選舉後的第二天就又回到了辦事處，以最快的速度重新投入了服務工作。

轉變戰場，大局觀

2021年11月，民建聯第二批參選立法會選舉名單出爐，身為民建聯葵青社區主任的郭玲麗榜上有名，循選舉委員會界別挑戰立法會議席。一開始郭玲麗覺得自己當選的機會並不大，「我作為新人，有很多不熟悉的地方。我雖然有一些優勢，但跟前輩們比起來始終落差很大，而且沒有任何背景，我只能奮起直追。」

在這個過程中，郭玲麗不斷成長，學習如何提煉談話重點和提高演講技巧。到選舉後期，她開始愈來愈有信心，「到後期我感覺到選委態度好像有所改變，特別經過2019年的衝擊，大家都很想香港要在教育上做出改變，令學生有所改變。」

民建聯作為郭玲麗堅實的後盾，給予了很多支援與鼓勵，「一些有經驗的民建聯前輩，會帶領我們這些新人，給予許多寶貴的意見。」郭玲麗每一次演講前，都會請教前輩們的意見，再進行修改。同時民建聯的政策研究、網絡宣傳等支援團隊，也在背後付出了許多無聲的努力。

同年12月，郭玲麗在立法會選舉中以1122票成功當選為立法會議員，「當選之後，跟過往作為一個關注教育的老師又有些不同。立法會議員的角色任重道遠，每一個決定都是有影響的。」

郭玲麗作為民建聯教育事務發言人，當選之後都會持續集中關注教育範疇議題，但不會僅考慮單一範疇，而是從更宏觀的方面，考量如何以教育工作配合香港整體發展。郭玲麗認為，教育與社會福利兩方面是相互扶持、不可分割的關係，因此未來也希望在社會福利方面做更多的工作。

加強民眾社會宣傳

今年是民建聯成立三十周年，對於僅僅有4年黨齡的郭玲麗來說，4年來加深了對民建聯的認識，更深深的感受到，民建聯是「真心為香港」的，每個民建聯成員都在為香港的進步而努力。但美中不足的是，民建聯一直以來對於自身的社會宣傳不夠，市民對於民建聯為大家所爭取的權益並不清晰。「比如老人兩元搭車，民建聯前前後後已經爭取了8年，花了8年的時間，但一些人真的不知道這件事是民建聯推動的。」

民建聯三十周年之際，郭玲麗祝願民建聯愈做愈多，愈做愈好。「希望做到更多的政策推廣，幫到更多的市民，得到更多的認同。」

15 郭詠健

用腳步丈量
社區的每一丈

▶ 民建聯

掃描二維碼觀看訪談

2022年3月初，香港每日新增新冠確診個案均數以萬計，突如其來的第五波疫情令香港陷入一片混亂，整個防疫系統瀕臨崩潰。但有一批人，無懼疫情嚴峻，他們除了在不同的社交平台為街坊提供防疫資訊外，更身體力行奔走於社區間，為徬徨無助的確診街坊贈送防疫物資，為社區燃燒自己微弱的光。

這裏面，有郭詠健的身影。作為地區工作者，他的腳步沒有一刻停下過，因為他知道，在這艱難的時刻，社區服務絕對不能停，總有一批急需幫助的街坊在等待他們。

「民生無小事」，一句簡單的口號，但郭詠健認為，要落實起來一點也不簡單，只有一步一腳印的走下來，才能真正體會這句話的含意。

小事見民生

1997年香港回歸，社會一片和平穩定、歌舞昇平的氣氛。15歲的郭詠健對於這一切，彷彿知道一些，又似管中窺豹難以看見全貌。他努力回想自己的15歲，怎麼也難以想起當時少年版的郭詠健在做什麼。但他清楚地知道，那一年，跟許多在香港成長的孩子一樣，他開始對祖國有了懵懵懂懂的摸索和隱隱約約的身份認同。

2003年7月28日，港澳個人遊開始推行，香港旅遊業進入快速增長期。而當時就讀旅遊專業的郭詠健也抓住了這個機遇，2004年加入了香港中國旅行社實習。一邊讀書的同時，一邊兼職做導遊。只要有假期，郭詠健就會領隊出團，帶隊前往內地各個省份。「很多人都羨慕我，有這麼好的機會。」那時他帶領廣東省短線旅遊團最多，甚至獲得了「短線王」的外號。郭詠健走得愈遠，看得愈多，少年時期萌芽的祖國情懷開始成長。慢慢地，他對香港與內地的關係也了解得愈加深入。

　　中資機構向來是民建聯的合作夥伴，中國旅行社更是民建聯的堅定支持者，曾任中旅集團副總經理的陳立志是民建聯56位創黨成員之一。

　　郭詠健沒有想到，中旅成為了他和民建聯結緣的一條「紅線」。這一年，中旅的同事邀他一起參加民建聯舉辦的義工活動，到九龍城真善美邨幫一位婆婆清潔家居。當時郭詠健不以為然，「沒事為什麼突然要進社區做義工？我當時還以為不過是拖一下地，然後一起合影就能了事。」沒想到這一清潔就是一個小時。婆婆家內內外外，每根電線，每個櫃子的邊緣角落都被義工們清潔得乾乾淨淨。「婆婆行動不便，整個屋子原本很髒亂，我們義工在新年之前幫她清潔乾淨了。」郭詠健回憶起，自己當時不過是做了件清潔的小事，而婆婆卻眼眶濕濕地拉著他的手，不斷跟他說著感謝的話。「說句很老土的，當時覺得好辛苦，可是原來真的能幫到別人。這種感覺十分震撼。」那一日，不僅是婆婆的屋子被打掃乾淨，郭詠健心中彷彿也有點煥然一新了。

在這之後，郭詠健工作之餘多了做義工。由一個普通的義工，變成義工組的組長。他在民建聯組織的大大小小的活動中，加深了對社區的情感，也慢慢發現，原來有很多街坊都需要幫助，原來香港並不像自己年輕時想的那麼簡單、完美，社會中仍有許多社區問題、民生問題亟待解決。

郭詠健從每一次小小的義工活動裏，從每一家一戶背後的艱難中了解更多，想做的也更多了。他也開始了解到，原來每個區都有一些議員助理、社區幹事、主任在為街坊服務，他們能夠在其他層面幫到更多的人，不僅僅只是一家、一戶、一個婆婆。

2011年，郭詠健加入了民建聯。他希望在不同的層面、角色上能夠為社區做更多的貢獻。

民生無小事

2014年，郭詠健在中旅由前線導遊逐漸退居幕後，負責人事招聘及培訓的工作。他的社區服務也逐漸上手，並在愛東邨做社區主任，在民建聯前輩、愛秩序灣區議員顏尊廉的指導下，郭詠健慢慢掌握了如何與政府部門打交道，為街坊爭取權益。

「他（顏尊廉）教會我很多，年紀也比較大，我們兩人的相處跟老友沒有什麼分別。他就像我的父親一樣，但我跟他的交流比跟我父親多不知幾倍。」郭詠健笑著說。2015年，顏尊廉在其選區獲得連任。在這四年間，郭詠健以區內事務為己任，以區議員的工作標準要求自己。「不管大小事務，我都做得很開心，感覺與我進入民建聯的初心相符。」

郭詠健回憶起與師父的相識，不禁開懷大笑。最初郭詠健與顏尊廉同在中旅工作，兩人都是公司合唱團的成員，一次合唱團參加比

賽，唱的是《愛我中華》，而正是在這個合唱團，郭詠健認識了顏尊廉，「當時看到他，哇，唱得這麼投入！我要比他更投入點。」講到這裏，郭詠健開懷大笑。

漸漸的，郭詠健對民建聯「民生無小事」的口號有了更深的理解。不管是多小的活動，哪怕是文康的活動，真正落實到社區都沒有那麼簡單，「儘管外界常說我們蛇齋餅糉，但真的做下去會發現沒有那麼簡單，我們是真的有為街坊改善生活。」

他以疫情下的新年為例，沒有了花市、煙花，又不能聚集，許多街坊都抱怨這個新年沒有年味。於是郭詠健在街頭派發春聯，又在年初一到屋邨扮財神，為街坊帶來年味與美好的祝福。

「扮財神是我每年初一都會做的，甚至有街坊看到我都會說，啊？你是不是那個財神？」想市民所想，做街坊所需，這種將民生每一件小事都認真看待的信念，又怎是「蛇齋餅糭」四字可以取代的？到今時今日，社區裏許多小朋友已經長大，但仍與郭詠健保持著聯繫。

2019年，是郭詠健覺得最艱辛，也是最影響深刻的一年。這一年，郭詠健要從師傅顏尊廉手中接棒，「處女登場」初次參選區議會。但這個第一次，卻是在一個備受壓力的社會環境中。「如今國安法出台了，許多人可以出來說自己愛國愛港，一點也沒有問題，但在2019年完全不是這樣。」

2019年11月11日，西灣河的遊行中發生開槍事件。而事發時，郭詠健正在事發地點的街道對面開設街站。有支持者衝過來通知他，「阿健，快點收站，那邊有一大幫黑衣人湧過來了！」此刻的郭詠健回想那一刻的自己，為何能如此堅定，仍與戰友共同堅守街站，他覺得是從加入民建聯那時起的社區服務中積累的信心和信念。

那一年，除了西灣河事件，他的辦事處亦多次被人打爛，被黑衣人包圍更是家常便飯，這已經儼然成為這一年基層社區服務的新常態。「最嚴重的兩次，玻璃門被人完全打爛。整個晚上我的電話都沒有停過，關心的朋友一直和我說，小心一點，不要過去辦事處。」

有那麼一刻，郭詠健的家人很認真地問他，為什麼還要參選呢？郭詠健覺得，自己從沒有做錯什麼，「我們的聲音不可以消失！」郭詠健表示，今時今日，屋邨很多街坊仍記得民建聯當時對愛國愛港的堅守。「這就是為什麼要堅持、能堅持的原因」，郭詠健回想起來，覺得那時的堅守，無愧於己。

在經歷2019年後，郭詠健發現，不少年輕街坊的觀念悄然發生了變化。「有年輕人找我，問這些人衝進去立法會，真的只是為了反修例嗎？年輕朋友不一定說怎麼支持民建聯，但在看到一些民建聯做的事情以及反對派的暴行，都會有些轉變。始終大家都樂於見到香港重返穩定。」

2019年區議會選舉，郭詠健最終以3771票落敗。輸，本是郭詠健在此惡劣環境下早已做好的心理準備，但他沒想到會輸這麼多。

「打擊很大，因為我一直想著一定要做好接棒功夫，但遺憾並沒有成功。」但郭詠健很快整理好心情，「雖然我輸了，但我的成績都比師傅之前的得票還增加了，從兩千多票到三千多票。」一千票的進步，每一票都是實實在在地爭取回來的，是過去一路走來的積累。

多年的地區工作，郭詠健學會了情緒管理，雖然這對他來說是一大挑戰。他記憶猶新的是國慶日前後的一個早上開設街站的時候，一位熟悉的女街坊跳樓輕生了，他要去開導死者的妹妹，灌輸一些正能量。可以想像得到他當時是怎樣的一種心情。其後辦完法事，他晚上又要去一個慶祝國慶的活動擔任司儀，要把一個最低點的情緒，轉為最高漲的喜慶心情，郭詠健說，這種強烈對比的角色轉變是地區工作者必須面對的，他仍在不斷的學習中。

2021年，香港選舉制度全面改革，邁向落實愛國者治港的管治模式。選舉氛圍更加正規、公平。郭詠健也不禁想，如果這樣的氛圍在2019年就發生，那當時的選舉結果是否會截然不同？然而時光流逝不能倒轉。郭詠健笑稱，自己一向是有阿Q精神的人，「就像幫街坊打電話預約服務一樣，打不通的電話就打多次，如果打十次都不行，那麼可能第十一次就打通呢！屢敗屢試就行了。」

老土而可愛

今年是郭詠健加入民建聯的第10個年頭，像其他很多人一樣，將青春都澆灌在民建聯，「這10年，我得到的東西遠遠多於落選。」現在已經是民建聯東區支部副主席的郭詠健見證了民建聯10年間的發展，最大的感受是，民建聯從「老土」變「新」了。

「民建聯一直給年輕人好多機會、平台去發揮他們的才能，其他政黨未必像民建聯這樣推出新人、信任新人。」同時伴隨著現代人接受資訊渠道的轉變，民建聯也開始拍片、發展新媒體進行宣傳，「以前都好老土，但老土也有可愛的地方，這是一個過程。」

郭詠健說：「每當香港遇到最大難關的時候，無論是金融風暴、沙士時期、2019年反修例風波，甚至目前的疫情下，民建聯都是最堅實的旗幟，風雨不改地進行地區工作，堅持民生無小事的理念。這也是我一直認識的民建聯。」

別人常說民建聯在危難時刻快速成長，郭詠健很驕傲，自己是這個團隊中的一員，「我未必是走在前面的將軍，至少我發揮了可以發揮的能力。」

粗茶淡飯飽三餐，早也香甜晚也香甜。郭詠健算得上是一個知足常樂的樂天派，「我在民建聯都算機會多的一個了。」言談間的那份不經意，多少表達了他對民建聯的感恩吧。

郭詠健甚至為自己算過一筆賬：1997年自己15歲，而2047年香港回歸五十周年時，剛好65歲退休，「當然希望自己能堅持到那個時候，剛好人生中能夠見證香港回歸最重要的50年。」他現在已經開始期待，在未來，在民建聯，乃至香港未來的一些重要節點，他相信都可以發揮自己的作用。

16 陳仲尼

高調做事、
低調做人的香港人

▶ 民建聯

掃描二維碼觀看訪談

陳仲尼是低調的人。

受益於家庭教育，陳仲尼不愛出「風頭」，生活平實、低調。

陳仲尼卻又活躍於金融界，曾出任公民教育委員會委員、基本法推廣督導委員會委員、香港考試及評核局主席、香港青年聯會主席等多個社會公職，高調參與社會事務。

在他而言，這只是「做好恰如其分的事情」而已。

如今，晉身議會後，陳仲尼把所有的工作都向立法會傾斜了，他認為，既然擔任了立法會議員，就要優先做好這個工作。「因為要向全香港社會交代，不說750萬市民，最低、最低我都要向1500位選委交代。」

傳承中華傳統德育

1966年，陳仲尼出生於香港的紡織世家，父親、祖父均從事紡織業。父親陳元鉅是大興紡織廠創辦人，被稱為香港「製衣大王」。

陳仲尼表示，父親在他的家庭教育中，十分注重傳統價值觀的教育。中國傳統文化中，最重視人的心靈教育，講究立德樹人。陳仲尼的父母亦是如此，不僅教導他為人處事，更教導他遵守中華傳統禮節，仁義禮智信，溫良恭儉讓。

許多少年同學玩笑間會講粗口，學所謂的江湖義氣。但是在陳仲尼家中則嚴禁講粗口。而有些家規，陳仲尼自覺如今說來，觀眾興許都會覺得出奇——在他小時候，在家裏由臥室到客廳都不可以穿拖鞋、涼鞋，也不可衣著懶散，「雖然不至於像穿西裝打領帶一樣正式，但都要規規整整的。」父母之所以這麼要求陳仲尼，亦是來源於祖父輩

的傳承。在過去，陳仲尼的祖父在上海經商，因此他的父親從小在上海長大，「當時我阿爺就是這麼要求他的。而我父親後來又用這套來教育我。」直到長大後，父母才逐漸放鬆了這個規定。

陳仲尼就在這樣傳統而家規森嚴的家庭中長大，成就一個淵清玉絜，知禮知法的青年人。

1984年，在香港華仁書院修完中學課程後，18歲的陳仲尼隻身到美國賓州大學華頓商學院修讀金融專業。四年後，陳仲尼回到香港。在許多人以為，他理所當然地會空降父親公司、子承父業之際，但他卻選擇了到萬國寶通銀行，也是如今的花旗銀行就職。從一名普普通通的銀行見習生做起，從最基層的業務開始磨練自己，不斷地提高自身專業水準。

轉眼又是4年後，1992年，陳仲尼榮升為花旗銀行副總裁。但正值事業紅火之時，陳仲尼卻做出了令人大跌眼鏡的選擇——將一切重新歸零，前往美國西北大學凱洛管理學院攻讀工商管理碩士。

「我做得很開心，但總是覺得學識不夠用。」

在接受了更為深入、先進的商業教育後，陳仲尼回到香港，入職J.P摩根投資銀行企業財務部門，其間參與了多宗內地企業的上市集資項目。

兩年後，陳仲尼的父親找他談話。父親說，你一路在銀行任職，篤實了根基。如今也已30歲，儒家常道的而立之年，對未來有沒有更多的思考以及自己創業的想法？這激起了青年人的鬥志和對自立門派的美好暢想。父子二人經過商量後，1995年，陳仲尼在父親的支持下創立了香港金鷹控股，主營家族投資、企業投資，業務範圍涉及全球證券、風險投資和企業控股。2002年，成績斐然的陳仲尼又成立了富恆基金管理有限公司，創立了自己的事業版圖。

為愛國教育培根鑄魂

　　陳仲尼活躍於金融界，其為人風格一如其名，以君子之道取得客戶信任，以「仁」對公司員工真誠相待。多年的打拼，陳仲尼和他的團隊業績一路上揚，在資本的深海中「水性」漸佳。但他並沒有閒下來，而是積極參與社會事務，出任多項社會公職。

　　陳仲尼回憶，最初參與社會公職是由於一個因緣巧合。當時他加入了中華出入口商會以及香港青年聯會，「其實我以前真的和一般香港青年人一樣，在香港讀書，到外國深造。卻唯獨對自己的國家缺少認識和聯繫。」

　　在加入中出和青聯之後，他開始頻繁前往內地，了解國情，感受國家的發展，「在加入之後才發覺，其實社會上有很多方面的事務、情況，是我過去未曾掌握的。」

　　陳仲尼在這個複雜的學習過程中，走出自己的舒適圈，開始探索未曾了解的領域，開拓了自己的視野。他透過社會事務的參與對香港社會整體有了更全面的了解，亦發覺原來香港社會有如此多的問題亟待解決。

　　人立於世，當有屬於自己的社會責任感。正如梁啟超曾高呼，「國人無一旁觀者，國雖小而必興；國人盡為旁觀者，國雖大而必亡。」陳仲尼深感自己作為一名香港人、作為一名中國人所承擔的社會責任，以及作為一名企業家應當承擔的社會責任。他開始思考，能做的事就去做，能出的力就出。一路積極參與，陳仲尼涉及的領域、事務愈加廣泛，之後更加入了特區政府的法定組織以及諮詢架構，出任多個公職。

　　儘管陳仲尼參與的社會事務範疇極廣，但他坦言最喜歡做青年工作。陳仲尼成長於注重教育的家庭環境，其父陳元鉅1990年代初開始為內地培育人才，先後捐資4000萬元人民幣予浙江紹興文理學院，他篤信科教方能興國，唯有教育才能為新中國的現代化建設注入動力。而陳仲尼在父親的言傳身教下，亦對青年教育十分重視。

　　從香港青年聯會主席到全國青聯副主席，陳仲尼接觸了很多年輕朋友，亦增添了一份鮮活的人生體驗。陳仲尼付出了很多時間及精力，構建與青年溝通的橋樑，助力港青人才的成長。

　　最令陳仲尼難忘的，莫過於2012年至2018年擔任考評局主席的那段經歷。「挺艱難的，但也都順利渡過了。」

　　2012年，當時的社會氣氛仍有許多不同意見，而陳仲尼是考評局有史以來第一個打正旗號，公開愛國愛港立場的主席。不論是教育界還是新聞媒體，都對陳仲尼持觀望態度。懷疑、揣測，一時紛至沓來，都在用放大鏡查看陳仲尼的一舉一動是否合乎公平公正，題目裡的一詞一句又是否混雜著政治立場。

　　陳仲尼公平公正的處事作風經住了考驗。6年間，他以專業為本，高質量完成工作。「在考評局我們一定要做到公平公正公開，該如何做就如何做。但一定是有底線的，我們不能做出危害國家安全的事情，這是任何機構的底線。」

　　隨著2019年社會環境變差，香港青年的教育問題再次引起全國社會的熱切關注。陳仲尼覺得，未來青年教育首先要發展正規教育，將家國知識引入小學的正式課堂以及教科書，讓未來的孩童從小就能有國家的概念。隨著年紀增長，教材逐漸深入，認知愈加深厚，國家憲法、基本法，乃至國家安全法、國家發展歷程⋯⋯「這是一個路程，要一階一階上」。

事非經過難以感同身受，再多的教材都不如親身體驗更具說服力。陳仲尼曾提議，希望在正規教育課程裡面加入去大灣區考察的課程，利用上課的時間到大灣區讓學生親眼看、傾耳聽，到底大灣區發展成什麼樣。

「這對他們的成長是很好的，因為他們未來就可以思考，原來國家是這樣的、廣州是這樣、深圳是這樣的。他們就對國家有更為真實的體驗。」

除了「春遊」一般的考察課程，陳仲尼認為，未來青年教育最重要的第二點就是大專生的實習。除書本以外，實習是青年人離開校園的象牙塔，步入社會前，所能夠獲得的對社會、對職場、對機遇的最真實的人生課堂。

「我經常都建議，一定要在大學時期讓同學們去實習，去四到六個禮拜，住在內地，包括北京、上海、深圳等城市。」

陳仲尼過去擔任青年聯會主席時亦曾舉辦過類似的實習計劃。「到內地的機會多了，以前諸多對內地不了解的地方，誤解的謠言，也都有了自己的答案。」

2004年5月間，陳仲尼曾帶隊一批優秀大專生赴北京高校交流訪問，而行程結束後香港學子們的反應出乎他的意料。同學們紛紛表示，真正的內地與自己認知裏的「內地」大相逕庭，他們見到內地經濟的發展和國際化進程，了解了中華民族悠久燦爛的歷史文化。「每次回來後，他們會覺得是很難得的經驗，跟那邊的同學都不捨得分開。」

陳仲尼表示，實習的意義不在於希望每個香港學生畢業後都會到上海、深圳工作，而是希望港青們在豐富了人生閱歷、開拓了視野後，在未來做生涯規劃的時候能有自己的想法和決斷。習慣香港的，可以繼續留在香港工作，認為內地機遇更多而自己也適應其間生活的，可以北上發展。

對於外間不少聲音指出，社會給予青年上流的機會太少，陳仲尼對此並不同意，他說，近年香港經濟發展放緩，年輕人對前途感到迷茫在所難免。國家籌劃多年的粵港澳大灣區計劃，正正為香港青年提供了發展機會。

陳仲尼認為，青年人仍要對未來抱有希望，而他亦會持續青年工作，為青年的未來，為香港的未來發自己的光和熱。

晉身議會回饋社會

陳仲尼和民建聯的淵源要追溯至2005年了。

那又是一個因緣巧合，陳仲尼在中華出入口商會結識了民建聯的元老「象哥」黃定光。陳仲尼表示，在此之前他早對民建聯關注已久，對民建聯扎實的地區工作，印象深刻。「市民有什麼困難、疑難雜症，第一個肯定會找政府，但第二個都會想起要找的肯定是民建聯。」

　　因此，當「象哥」邀請陳仲尼加入民建聯時，還記得黃定光跟他說，在民建聯裡面可以學到很多東西，自己也能夠有所成長，而未來有機會，亦可以將自己所識所得回饋社會。正是在聽完這番話後，陳仲尼毫不猶豫地加入了民建聯。

　　陳仲尼也坦言，那個時候，從沒想過今日會成為立法會議員，「想都沒想過」。陳仲尼十分認同民建聯的理念以及對社會的貢獻，但從未想過自身的發展，因此這十幾年來十分低調。事實上，他日常除了公司事務外，亦有不少社會公職，頗為繁忙。

　　過去多年來，立法會內拉布、肢體衝突等場面屢見不鮮，更多的時候是議員在吵架，完全無法發揮真真正正參政議政的功能。一向謙謙君子的陳仲尼認為，這樣的議會難以發揮自己的作用，因此未曾考慮過進入議會。但在中央落實國安法、完善選舉制度後，曾經的亂象再難出現在莊嚴的議事廳內。因此在朋友的多番鼓勵下，2021年，陳仲尼代表民建聯首次參與了立法會選委會界別的選舉。

　　為了這個第一次，陳仲尼拼盡了全力。

「7個禮拜的選舉，我瘦了10磅。」陳仲尼並不像許多議員身經百戰，選舉經驗豐富，而是一個完完全全的選舉新人。11月1日選舉提名，到12月19日選舉，這短短的7個禮拜裏，陳仲尼參與了70場選舉論壇及交流會。在如此大的工作量面前，時間安排都已不算問題，陳仲尼面臨的最大挑戰是每次論壇前的準備工作。

「譬如我這一次去的是中醫組別、夜晚7點鐘又要去資訊科技界，界別不同，講的也不同。如果在IT界討論銀行界的事，完全是牛頭不對馬嘴。」陳仲尼有時一天要趕兩三場論壇，需要自己準備好對題的演講稿。一整天腦力的勞累過後，回到家中他也不能休息，需要預備第二天的論壇。

這十分考驗功夫，陳仲尼表示，完成好這些論壇，有賴於自己的團隊，以及自己接近30年的社會工作及公職經驗。7個禮拜選舉過後，陳仲尼成功當選，也瘦了10磅。「以前穿著很緊的褲子穿起來都變舒服了，我好開心。」

如今開了多個月的會議，陳仲尼表示，議事廳裡一樣有質詢、一樣有提問、一樣會建議，但再沒有看到刻意拉布、無限制地點人數，乃至扔東西、搶文件的混亂場面。議會恢復了一個正常的運作，而自己也能將自己所識、過往累積的經驗發揮出來。

過去陳仲尼尚能兼顧公司生意與社會公職，如今他的工作重心已完全偏向了立法會。「我公司同事有時候都跟我說，老闆，如今基本上找不到你人的。」

沒辦法，進入立法會，他更需要高調做事，為民請命。

未來30年發展空間更大

　　今年是民建聯成立三十周年，也是陳仲尼加入民建聯的第17個年頭，陳仲尼深有感觸。他見證了民建聯這麼多年的發展，愛國愛港、服務市民的初心不單沒變過，還愈來愈強了，能夠為市民做到的事情也愈來愈多。

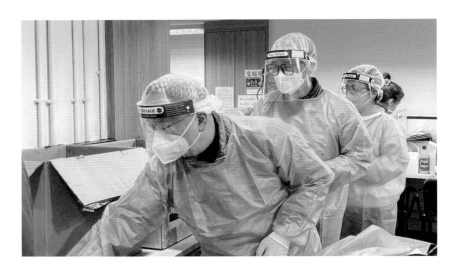

　　「舉例講，我們議員，特別是地區直選的議員，在這次抗疫期間所做的工作大家是有目共睹的，一般市民知道哪裡有疫情，都會小心的避開，但我們很多黨友、議員，偏偏反其道而行之，哪個屋邨、哪個地區爆發疫情，第一時間就去，幫助受影響的市民。我只能說，我們民建聯這個招牌真的不是浪得虛名的，而是實至名歸的。」

　　30年來，民建聯成功搭建了一個跨階層的黨派，有工商界的、專業界別的、地區的，陳仲尼說，「這是經過多年的努力才達到的成效，沒有最好，只有更好，繼續加油，未來30年，民建聯一定有更加大的發展空間。」

17 陳百里

不忘本的
「貼地」官員

 民建聯

掃描二維碼觀看訪談

「定知一日帆，使得千里風。」短短16年間，棄商從政後，兩次當選區議員，然後獲特區政府委任為政治助理，再晉升為副局長，44歲的陳百里完美演繹了一帆風順的真諦。

的確，年輕有為用在陳百里身上是最佳的形容詞。不是嗎？多少人心中夢寐以求的從政經歷，但陳百里卻看似輕而易舉的擁有了。「羅馬不是一天建成的」，今天的一切，是陳百里一步一腳印換來的，是他走入群眾、貼地聽聲音得到的最佳回報。

「每一次的政府換屆都存在著未知數，特別是我們這些問責官員，不一定可以留下的。作為從政者無時無刻都要努力，做好一切準備。」陳百里心中坦然。

今時今日，陳百里依然飲水思源。第五波疫情自3月份爆發以來，陳百里的身影也多次出現在他政途起步的觀塘區，全副武裝的他以「速遞步兵」的形式，把物資送給有需要的家庭。

從群眾中來，到群眾中去，香港不就是需要這種官員嗎？

坪石參選政壇起步

「在美國讀書時就有在醫院、社區參與很多義工工作,所以回來除了做好自己的專業範疇工作外,都想找這方面的機會。」2004年,在美國讀完電機工程學士和生物醫學工程博士的陳百里回到香港,那時他對於香港政治一點也不了解。

其後,他認識了當時的坪石邨區議員陳鑑林,並加入了坪石邨居民委員會的義工團體。從那一刻開始,陳百里便與地區結下了不解緣,也慢慢了解了什麼是政治,認識了民建聯這個團體。

由於陳鑑林的原因,陳百里在2006年加入了民建聯。「民建聯做地區工作,以民生為主,這一點吸引了我。當然我加入純粹是想做地區工作,和以前在美國讀書時做的一樣。我完全沒有考慮過參選的問題。不過參加了民建聯後,有很多人找我,說有參選的機會,我可以考慮一下。」

當時陳百里的條件是相當優秀的,除了文質彬彬的外表,更有事業上的成就。他在2005年時便和朋友籌備、2006年創辦了屬於自己的藥廠,主要研發特效藥。他們的藥廠是第一間入駐香港科學園的公司,是當時的「開荒牛」。該公司發展了僅一年多,便取得了香港工業獎──科技成就獎。

計劃退休的陳鑑林看中了陳百里,決定由他來接班。當時陳百里考慮的是,自己的公司剛剛起步,可否分配出時間做區議會的工作,加上自己政治閱歷和知識都非常淺薄,要依靠陳鑑林等前輩的幫助才行。當然,考慮的結果是決定試一試。

坪石選區自1999年被陳鑑林以48票之差攻下後,2003年再以25票之差勝選,可見民建聯和對手的競爭十分激烈。到了2007年,兩個

陣營均換人上陣，民建聯派出的就是陳百里，公民黨派出了余冠威，變成了年輕一代的對決。結果首次出戰的陳百里得到了2647票，大勝對手1261票。那一年他30歲，「三十而立」的陳百里跑了出來。

「那是我人生第一次參選經歷，我領會到如何走入群眾，要有不同的方式接觸街坊，這些是過去沒有試過的，真的學習到很多東西。之後我也做過陳鑑林的選舉經理人，接觸不同地區議題及不同的地區組織，這些經歷都是非常難得的。」

有了第一次就有第二次，陳百里也不例外。2011年的區議會選舉，陳百里對社民連的林森成，結果他贏得更輕鬆，大勝對手近2000票。因為4年來他在社區深耕細作，地區工作得到選民的認同。

從政助到副局長

　　同一時期，陳百里萌生了加入政府的意向。經過內部篩選後，民建聯決定向政府推薦10位成員進入問責團隊，陳百里是其中一人。「過程是漫長的，先由當時的特首梁振英等人面試我們，然後再由不同的局長分別面試。我本來是是想加入科技局的，但當時科技局遲遲未能開設。同為民建聯成員的商務及經濟發展局局長蘇錦樑問我有沒有興趣去他的局。」

　　2013年3月15日，政府宣佈委任陳百里出任商務及經濟發展局政治助理，那一年他36歲。

　　陳百里回憶道，加入政府初期，需要經過很長的時間和公務員同事磨合。「政黨和政府工作有很大的分別，政黨是監察政府的，政府則成為政策的制定者，角色必定有所轉變。」

　　經過4年的歷練，陳百里在仕途上更上一層樓，於2017年被委任為商務及經濟發展局副局長，除了工資大幅調整外，責任也相應變得更重了，很多時候，副局長要扮演局長的角色。

　　2020年初，陳百里以署理局長的身份接受議員質詢，被立法會議員葉劉淑儀批評「不備課」。面對這一場小風波，陳百里說，「沒有不開心，但那天確實是令我學到很多東西，以後去立法會要準備充足。」他指當時葉劉淑儀問他美國通過的《香港人權與民主法案》第五條對香港有什麼影響，他沒有帶備相關的資料，又不可能會記得第五條條文，所以沒能即時回答出來。

　　陳百里是到立法會面對議員質詢最多的副局長，他認為，自己在大部分時候都回答得不錯，這次事件卻算是「滑鐵盧」，也令他吸取了教訓：「下次真的要帶多一位同事去才行。」

一路走來，陳百里的政途一帆風順。但他坦言，「其實就像每一次換屆選舉，都存在未知數，不一定能贏的。」陳百里深知，社會無時無刻都在變化，政府的情況一樣，能否繼續走下去都有不確定因素——正所謂「一朝天子一朝臣」。

寄語年輕人瞄準市場

從政多年，陳百里認為，最大的收穫是能夠參與了很多政策的制定。「加入政府之前，我和不同的公司和大學合作過很多年，知道他們面對不同的困難，所以也希望能夠在政策上支援他們。」

在他的推動之下，2019年香港有了原授專利的註冊系統，這對於香港作為知識產權的貿易中心至關重要。陳百里說，這一方面很有成就感，自己當年做科研時，需要通過不同的市場，例如去內地、美國註冊專利，現在則不用那麼複雜了。

對於時下社會關注年輕人看不到未來的問題，陳百里認為，關鍵在於年輕人的意願與心態。「香港是食四方水的開放城市，今日年輕人

應該放眼全世界，瞄準市場裝備自己。近年內地市場發展一枝獨秀，這是不容忽視的，年輕人應該了解其中的機遇。政府要做的就是設法幫助年輕人做好把握機遇的工作。」

但他坦言，即使是大灣區都有很多競爭，並非是百分百的人都適合去大灣區發展的，年輕人要有意願、有興趣去才行，也一定要付出努力。

民建聯角色愈趨重要

今年是民建聯成立三十周年，也是陳百里加入民建聯的第16個年頭。16年來，他見證了民建聯經歷的高低起伏及風風雨雨。「過去30年，民建聯經歷了很多困難與挑戰，但都能憑著初心渡過了這些難關。在未來30年，在香港與國家的發展中，民建聯參與的角色會愈來愈重，我們要繼續努力，做好各方面工作，迎接一個更美好的將來。」

陳百里說，民建聯現在是跨階層、跨專業的政團，發展前景理想。「民建聯的地區工作是做得相當優秀的，並且有愈來愈多的民建聯成員加入政府，我們在政府裏面的互相配合很重要，政策落實的過程也會更加好。」

從對香港政治一竅不通，到如今可以對香港經濟、政治、地區事務侃侃而談，陳百里代表著一種進步，一種成長，也代表著民建聯形象的提升。

政途發展這麼暢順，會否爭取更上一層樓呢？「我會繼續努力的。很慶幸過去9年，得到民建聯的支持而進入政府，我學到了很多東西，希望日後有適合的崗位可以繼續發揮所長。」陳百里對自己還是蠻有信心的。

18 陳勇

立志從政
士兵成將軍

▶ 民建聯

掃描二維碼觀看訪談

從幕前走到幕後，蟄伏10年後，再從幕後躋身議事廳，對於新晉立法會議員陳勇而言，這是一段非常感恩的歷程，而無論在哪一個崗位，不變的是他為民眾服務的堅定信念。回望從政路途，他細說學會了做人，更學會了做事，「慶幸的是每個階段我都遇到了好的師傅，令我少走了很多彎路。」今天踏上愛國者治港的坦途，他期盼與民建聯兄弟姊妹一起，繼續心繫家國，開創未來。

民建聯創黨的第二年，年僅23歲的陳勇已經入黨，「我的會員號碼是431，應該是民建聯創黨後招收的第一批吧。」匆匆29年過去，一晃眼小伙子變成老臣子，當年愛看名人傳記、喜歡新聞報道的陳勇，如今成熟穩重，政治上更上層樓，擔起副主席的重任，當年的士兵已經成為今天的將軍，可喜的是初心從不變。

出身貧寒，不忘初心

1984年，十四五歲的陳勇跟隨外婆從河南開封來到香港與父母團聚。他的父親是印尼華僑，在改革開放之初來到香港扎根，由於原本在開封市的機械工程師資歷未能在港獲得認可，父親咬緊牙關，到電子廠做工供養一家人。

「夏天的時候，10點前根本難以入屋，整個房子熱得像蒸籠一樣。」陳勇細說當年一家6口蝸居在葵涌貨櫃碼頭旁臨屋區，100呎小房子內搭了一個小隔層，每到夜晚，他跟父母及弟弟用臨時的梯子爬上去就寢，而婆婆和妹妹則在下面睡。

後來，臨屋區面臨拆遷，一家人搬到青衣大橋下另一個臨屋區裏，從100呎搬到200呎，僅是這麼丁點變化，已經讓當時的陳勇感到

人生突然有了幸福感。「儘管還是很擁擠,做功課也要跑到屋外去,但是感覺到整條街都是你的。」到搬入長發邨,陳勇一家能居於逾500尺公屋單位,「比中了六合彩還開心!」

幼時艱苦的經歷,讓陳勇從小就深刻體會到房屋對於一個家的重要性,「房屋可以解決很多貧困的問題,能讓這些最基層的家庭見到希望。哪怕家庭的錢不多,也能更集中資源讓孩子獲得更好的環境和教育。」

初初來到香港的陳勇,英語水平難以跟上,於是他白天在電子廠上班補貼家用,晚上則到夜校進修。一年後,他才再進入中學就讀中三,有志者事竟成,其後更考入了香港城市大學就讀社工。陳勇清楚記得面試教授問他為何要讀社工,他的回答是:「我成長的經歷讓我想要去幫助身邊的人,跟我有同樣遭遇的人。」陳勇後來更發現,社工薪酬待遇及社會認受度也不錯,「找到了個人興趣,又能變成職業補貼家裏,同時還可以成為事業追求個人政治理想。」

1992年,香港城市大學學生團體經常舉辦民主沙龍及論壇,邀請立法局的議員來演講。而當時譚耀宗是唯一一個根正苗紅、愛國愛港的立法局議員。「當時不少學生領袖都去接待李柱銘、劉慧卿等民主派議員,我剛好負責接待譚sir。」身為大學生的陳勇與譚耀宗尤為聊得來,「譚sir影響了大學很多學生。只要有邀請,他就一定會到。哪怕泛民的學生請他去做點綴,他也無所謂。」

在頻繁的溝通交流中,陳勇被譚耀宗的人格魅力和愛國理念深深感染,更難得的是,1993年,譚耀宗邀請他加入民建聯,陳勇欣然答應。他細說當年曾擔任城大校報中文版的編輯,採訪過不同政黨人士,早已發現民建聯理念和他做社工的初心相同,就是以「真誠為香港」的決心,爭取政府資源幫助街坊解困,同時也幫助自己成長。

陳勇坦言，譚耀宗的身體力行，以自身為國為港為民的行動，影響了許多大學生，「我們那一屆社工熱衷於搞學生會等學生組織的人，最積極的十個人當中有兩個人加入了民建聯。」在陳勇的同班同學中，亦有前民主黨副主席尹兆堅。陳勇感到慶幸，「如果那一刻、那當時我經常接觸的是李柱銘和黃毓民，很難說會不會就被帶上了另一條路。」

18
陳勇——立志從政，士兵成將軍

一個想做將軍的士兵

陳勇加入民建聯後，便參與協助籌建民建聯新界南支部。儘管陳勇尚未大學畢業，但譚耀宗十分信任他的能力，並邀請他做統籌主任。

對於新人而言，第一次落區服務都是一道難關，但讀社工出身的陳勇卻駕輕就熟。陳勇猶記得修讀社工課程時，教授曾帶著學生到一個基層屋邨考試，「他要求我們在5分鐘內敲開街坊的門同街坊聊天，有些同學一兩分鐘就能進去，屋主還請他們喝杯茶。我一開始都覺得難，經歷多了就覺得容易了。」

俗語說：不想當將軍的士兵不是好士兵。陳勇認為，作為民建聯的社區工作者，大多數都應積極考慮參選、參政議政，「能參與政策制定就能幫助更多的人。」他堅持的是，你即使做不到一棵參天大樹，也要成為河邊長得最壯的小草。

1999年香港回歸後首次區議會選舉，陳勇主動請纓出戰葵芳選區，對手是立法會議員兼區議會議員梁耀忠。很多人對他說，梁耀忠身為雙料議員，資源豐富，加上地區工作扎實，這是一場很難打的仗。陳勇也心裏有數，民建聯是中基層政團，自己作為社區幹事，當時更難以和立法會議員在資源上比拼，因此他選擇用土辦法追擊，用大聲公向當區選民講解工作和宣傳。

梁耀忠作為立法會議員，收到政府相關資訊的速度肯定比其他人快，於是陳勇時刻關注梁耀忠印刷的海報，一見有與街坊相關的資訊，就拿著大聲公去到屋邨每棟樓下面通知街坊，「當時的大聲公聲音很大，我能喊到三四十層樓都清楚聽到。」這種民建聯專屬的社區「電台」，後來成為了民建聯地區工作的模式，當然有人會擔心被投訴滋擾，甚至有壞人往下丟玻璃樽等，但陳勇一於少理，找來一個專業地盤工人頭盔戴上，就繼續為市民講解。

熟能生巧，陳勇逐漸總結出兩點經驗，「首先，每次不要超過一分半鐘。其次，只大聲宣報與民生相關的事情。」例如房屋署通知傍晚6點鐘要停水，陳勇下午4點鐘就朝著屋邨方向大聲宣傳，因為這些都是與自身相關的民生事，市民們的關注度非常高，甚至會有街坊們打開窗戶要求再宣佈一遍。到後期，因有時會有人惡意報警投訴，陳勇就捉迷藏，警察從邨頭來，陳勇就到邨尾喊，等警察走到邨尾，陳勇已經任務完成了。

「用汗水灌溉社區」是當年民建聯的口號，這句話對於陳勇而言不是空頭口號，而是他默默服務社區的真實寫照。儘管陳勇在他的首次選舉中落敗，但對手的技巧與做法，都讓他受益匪淺，「前輩常說，你的第一標竿是師傅，第二標竿應是你的對手。」陳勇更笑言梁耀忠是自己的半個師傅，「有記者朋友說，在我跟梁耀忠打之前，他的頭髮只有一半白，跟我打完之後頭髮全白了。我自己後面兩側的頭髮也白了。但和他的這次對戰是我人生的一個很大的進步。」

士兵終成將軍

這一役後，陳勇打出了名堂。就像他形容的一樣，業餘拳手挑戰拳王泰臣，何輸之有呢？原本可以在選舉的路上繼續昂首挺進，偏偏幕後的一份工作正在等著他。當時新界社團聯會（新社聯）正推動改革，會長張學明邀請他出任副總幹事，陳勇徵詢過譚耀宗的意見後，決定勇於嘗試，「願意做幕後的人不多，但這肯定是好機遇，對我來說是工作位置不同而已。」

這一次副總幹事的幕後工作，一做就超過10年。10年間，陳勇由副總幹事成為總幹事，從常務副理事長成為理事長。期間，他除了協助新社聯做會務和社會服務改革，也參與各種選舉工作，包括擔任選舉經理人，也做過民建聯新社聯新界西選舉的總指揮。這一切，大大豐富了他的人生閱歷，「感恩我在每個階段都遇到好師父，爸爸是我個人成長上的師傅，譚Sir是教我做人的師傅，張學明會長則是教我做事的師傅，他們3位令我走少很多彎路，非常感恩遇見他們。」

10年人事幾番新，陳勇再次復出幕前，一直要數到2012年底當選港區全國人大代表，並在翌年4月當選民建聯副主席。回望這10年，是他累積經驗的10年，也是他豐厚收穫的10年。

2021年完善選舉制度後的第一次立法會選舉，陳勇代表民建聯出戰新設立的功能界別——港區人大政協及有關全國性團體代表界別，結果順利以逾七成得票當選，正式晉身立法會，而按照民建聯的分工，他主要負責政制方面的事務。從「後勤」站在了第一線，陳勇坦言責任重大，「要做得好肯定有壓力，不敢偷懶，做慣了幕後統籌，覺得幕後相對容易些。我會全力以赴，如果有做得不足之處，歡迎大家批評指正。」

春暖終迎花開

人如其名，陳勇雖然並非身材魁梧，但行為甚「勇」。2019年8月，香港反修例風波正烈。民建聯創黨前輩梁愛詩在太古廣場被幾十個黑衣人團團圍住，但梁愛詩依然氣定神閒，在包圍和謾罵聲中，緩緩前行。陳勇在電視上看到這一幕時，既著急也感到鼓舞，他覺得需要有一批人團結地站出來，給愛國愛港的市民打一劑強心針。於是陳勇與一眾愛國愛港人士在金鐘添馬公園兩次發起數十萬人的反暴力救香港集會。陳勇坦言當時的壓力很大，但心裡總想：「怕什麼？我們前輩打鬼子都不怕，只要多加小心就行！」

另一方面，陳勇對國家和中央政府充滿信心，「我覺得國家一定時刻關注著香港的，不會讓香港淪落下去的。」因此，陳勇決心要在黑色的風暴中將希望的火苗傳遞下去。有人來各區辦事處搞破壞，陳勇對同事和義工們首要的要求就是保護好自己，「只要人在，就會有將來。」陳勇將所有辦事處的重要設備分散給同事和自己，分別帶回家。他開玩笑說，「當時已經做好準備跟『黑暴』打游擊了」。

陳勇堅信，成功不必在我，而功力必不唐捐。所有經歷過「黑暴」期間，沒有退縮、患難與共的兄弟姊妹們，就是民建聯最好的火種，愛國者治港定將在繼往開來中不斷推進。

三十年，風華正茂

不經一番徹骨寒，怎得梅花撲鼻香？民建聯在創黨初期，很多方面難以盡善盡美，但在經歷了30年來的風風雨雨後不斷成長，成為目前最有前景的政團。陳勇認為，每個人都一定能在民建聯中找到最合適的位置，不論是各個專業的人士、從商者或從政者，加入民建聯都一定可以實現自己的理想。

事實上，民建聯非常重視政治人才的培訓。2000年，民建聯政治專才培訓計劃展開，陳勇是第一屆的學員。這個培訓計劃改變了過往傳統的「師傅帶徒弟」的政治培訓方式，第一次開始系統性、規模性地培訓自己的政治人才。課程分為三部分，以本地為主的約大半年的課程，由香港研究政治理論的名師授課，另外一部分則是到清華大學學習一個月，第三部分則是到美國學習。「清華大學的著名歷史教授跟我們講毛澤東主席，講中國共產黨的奮鬥，從苦難到輝煌的歷史，還有為什麼國家要走改革開放，未來國家同香港要如何走下去。」

2006年民建聯訪京，時任國家副主席曾慶紅寄語民建聯「內強素質、外樹形象」，陳勇說，民建聯一路走來，堅持中國香港特色的優質民主，選擇市民心之所向，國家安全發展所需。「如今雨過天晴，愛國者陣營未來會有更大發展，民建聯所贏取到的歷史最多議席就是對這8個字的期望的最好回報。30年如一日，民建聯在新制度下應有新改革、新期望，拿到的成績是屬於過去的，現在要重新邁步向前。」

擁有29年黨齡的陳勇堅信，民建聯一定要盡快培養出一批批自己的一流政治人才，才能真正地壯大香港，國家對香港放心，市民才能對民建聯放心。「期望未來毋需國家出手，都能靠自己解決好社會風波，這是我個人對民建聯未來30年最主要的期盼。」

「三十年，風華正茂。未來，更有希望。」陳勇說。

19 陳凱榮

風起雲湧觀後海
雛鳳清聲猶可待

▶ 民建聯

掃描二維碼觀看訪談

陳凱榮是個大男孩。訪問開始時，陳凱榮端坐在椅子上，伸手將西裝外套往下扯了扯。「攝影師大哥，我的肚腩會不會入鏡？」陳凱榮開玩笑說。

這位被外界譽為民建聯「政壇新星」的後生仔，25歲，確實年輕得令人艷羨。2021年成為選委、香港青年會主席、港大畢業高材生這些都是陳凱榮身上閃亮的標籤。面對鏡頭，陳凱榮展現了他朝氣蓬勃的一面，絲毫不懼鏡頭，自信而游刃有餘。他就如民建聯新生代的縮影——如初春，如朝日，如百卉之萌動，如利刃之新發於硎。

知青年之痛，發青年心聲

陳凱榮出身基層，自小在公屋成長，他笑稱自己是正宗「屋邨仔」。幼時的生活令他親歷基層困境，也令他看到經濟困難給香港基層青年帶來的影響。「我從小的經歷讓我很明白基層青年的訴求。」這是錢帶來的問題，但又不僅僅是錢的問題。除了教育資源的差距，自卑、校園社交中的非議等等都深刻影響著一個出身基層的孩童的成長，「大家經常談起跑線，其實真的有影響。」他時常思考，如果能在政策上對這些孩子多點照顧，多些心理支援，是否就能令更多的孩子在迷途中返航，是否就能令他們把握更多的機遇。

「我有好強烈的感覺，香港年輕人受政治影響很深。我在內地的大學交流時，每個大學生同我談話都說自己未來想要從事哪個行業、或是想要創業，想開間什麼樣的公司，他們的心思九成是放在這樣的地方。」而要改變這點，陳凱榮認為應當從青年人的國民身份認同教育開始。他回憶在母校福建中學就讀時有國慶教育週，開展中國、香港歷史教育，並引導學生進行反思，因而自己對國家有歸屬感。而現時

有的教師甚至用錯誤的角度解讀鴉片戰爭，不利於年輕人正確地了解歷史。「不僅是在愛國學校進行愛國教育，全港學校都應加強培育國民身份認同教育。哪怕升國旗、唱國歌都已足夠。」

房屋問題亦成為陳凱榮心中的一個心結。他自幼在公屋長大，見過太多身邊的年輕人，面對高企不下的房價而放棄置業，又因沒有置業計劃而放棄儲錢，而不儲錢又難以進行人生中的婚姻大事⋯⋯青年的人生計劃因此如骨牌一般傾倒。「我發現香港年輕的一代是迷失的一代，整個人生的規劃因為房屋問題而中斷。」這也令他在香港眾多的社會議題中最為看重房屋問題、年輕人的置業問題，並以解決這一難題為己任。

恩師引路，足履實地

陳凱榮從政之路的開始離不開其恩師洪連杉的薰陶。2014年，陳凱榮於愛國學校福建中學讀中三，在其印象中，時任通識課的老師洪連杉是一個風趣幽默的人，許多學生都鍾意聽他講課。除了學業上的幫助，陳凱榮在其帶領下自初中時期就開始嘗試參與義工活動服務基層市民，幫助不同家庭處理日常生活難題，用自身微弱的小能量溫暖有需要的家庭。

中學畢業後，陳凱榮依舊和校友會師兄以及洪sir保持聯絡，繼續做社區服務。而這一做，就做到了大學畢業。幫助基層家庭，為基層青年發聲也逐漸成為他從政的初心。

2018年7月，陳凱榮從香港大學經濟系畢業，同時面臨著就業的選擇。在傳統的社會認知中，高能力的人才進入金融行業，能力不足的人才會去做其他工作。陳凱榮卻並未走常人眼中的光明大道，而是選擇擔任立法會議員張國鈞的助理。

　　「初期家人不太支持，他們更希望我能找點穩定的工作。」但陳凱榮有自己的看法，他認為如今的香港青年人才都流向金融、房地產行業，而在中國內地，許多人才會進入政府做政策做貢獻。「香港很少年輕人願意走出來參與政治工作，我想以自己為例子改變這種情況，我相信香港以後會慢慢改變，而我參與的話不論對我個人還是對國家都會有很大幫助。」

　　年輕是陳凱榮的一大利器，但外界也因年輕對他的能力存疑。「當時剛剛畢業，好年輕，有好多爭議的聲音。但洪sir一直很信任我、支持我。這也令其他人開始願意更信任我一點，我很感激。」陳凱榮一直將這份信任銘記於心，並以腳踏實地的服務回應恩師。

　　他形容自己大學時期是一個很「不可一世」的人，而畢業後做張國鈞議員助理時在其身上發現低調的品格。「他（張國鈞）做成了一件事情，從不會高調地宣揚，而是默默地推動。」陳凱榮以其為自身的榜樣，學習從政者的耐力，讓自己沉澱下來做一些實際工作，慢慢積累街坊對他的信任。「我從一個讀商科的男仔，變成一個社區人人認識，能夠說出每個街坊故事的人。這種成就感是我在其他行業感受不到的。」

經一戰長一智

　　2019年的反修例風波，使社會上的政治鴻溝愈來愈深。在這樣的社會環境下，時年僅23歲的陳凱榮依然決定參選東區翡翠選區區議會選舉，迎戰公民黨常勝老將黎志強。

　　當時陳凱榮常在社交媒體表達自身觀點，希望能與年輕人建立溝通。但政治立場的鴻溝令其收到許多同輩的政治攻擊甚至人身攻擊，友人的不理解、斷交，被網民起底，「最嚴重的時候，八成的朋友因為風波而減少溝通」。面對這些攻擊，陳凱榮視為自身必須肩負的責任，並將污言化為工作的動力，亦從中發現許多同齡人對國家的誤解，對法治的認識存在偏差。他多次向友人強調，港人享有表達自由的權利，對政府政策不滿可以批評、提議，「但我們從來沒有破壞香港、破壞社會的自由」。

2019年11月25日，一切塵埃落定，陳凱榮獲得2742票，以數百票之差敗選。他在Facebook的個人主頁上發文，向支持者道歉，但回望服務社區的點點滴滴，無怨無悔，「建制的青年人還未放棄、絕不灰心、仍然一腔熱血為社區服務」。

2021年，完善選舉制度後的立法會選舉拉開帷幕。民建聯派出6人出戰立法會選委會界別選舉，陳凱榮再次得到了機會。作為民建聯的參選名單中最年輕的一位參選人，更是唯一的90後選委界別候選人，一時間受到媒體的廣泛關注。面對外界對他資歷不足的質疑聲，他只加倍努力回應。「民建聯一批前輩包括譚耀宗提名我參選，我沒有任何的理由妄自菲薄。真有不足，哪怕不睡覺也要補足。加倍努力打破別人對我年輕的刻板印象。」選舉結果，他最終得到941名選委支持，以29票之差無緣進入議會。

儘管再次落敗，但陳凱榮依然感到收穫滿滿，自己能夠參與選舉，已經彰顯選舉的包容，新的選制下也需要像他這樣的新面孔、新青年。「今次落敗是因為我年紀輕，資歷不足。在新選制下我能夠代表基層青年的聲音參選，已經是此次參選的最大的意義。」

從2018年畢業至今短短3年間，陳凱榮已經參加了區議員選舉、選委會選舉、立法會選舉、地區直選等大大小小的選舉。每一個機會對他而言都彌足珍貴，失敗雖然不是他理想的結果，但每一場選舉對他而言都是從政路上最重要的課堂。「我會因為失敗的經歷，更珍惜下次參選的機會，甚至當選的機會。」

青年人的動人之處正在於此，無畏無懼，勇於挑戰，前程無限。每一次選舉、每一場戰役對於陳凱榮而言都是經驗的積累，是下一戰挺身向前的底氣。陳凱榮談及自己很喜歡的電影《那些年我們一起追過的女孩》，「好多事情很多人跟你說不可能，甚至參加的機會都沒有的。但是來了之後，你才知道人生就是不斷的挑戰。」這亦是陳凱榮的

19
陳凱榮—風起雲湧觀後海，雛鳳清聲猶可待

座右銘，他鼓勵所有的後生仔不要畏懼，積極參與「愛國愛港管治者行列」。青年興則國家興，青年強則國家強，青年是什麼樣的，香港的未來就是什麼樣，政團亦然。

民建聯30年，不忘初心

說起來，民建聯比這個大男孩還要大五歲，但目前陳凱榮已經是民建聯的執委了。他是這樣形容民建聯的：「民建聯是一個很實在的政團，如果你有能力、有決心，都有機會。儘管加入的時間不是太長，但每次參選前前輩都會說不要在乎贏還是輸，心中只要堅定信念，你是真心為香港，這樣不管贏還是輸，你的心中都會覺得很感恩。恭喜民建聯30歲快樂，希望民建聯不忘初心。」

20 陳學鋒

勇往直前的
「愛國第二代」

▶ 民建聯

掃描二維碼觀看訪談

世有伯樂，然後有千里馬。對於新任立法會議員陳學鋒而言，民建聯會務顧問葉國謙正正是他的「伯樂」，若沒有當年作為中學老師葉國謙的影響，或許你看到的未必是現在的陳學鋒。陳學鋒說，一切源於機緣巧合，又好似是命中注定的一樣。

那是在他大學畢業後的那一年，當時科網股爆破，找工作並不容易。葉國謙問他：「我要請議員助理，你有沒有興趣來幫我？」有誰又會想得到，就是這樣一個簡單的一句話，便決定了陳學鋒日後的人生軌跡。

陳學鋒成長在一個愛國家庭，父母均在愛國學校漢華中學做校工，而他的小學、中學均在漢華就讀，屬於一個純正的「紅二代」。在家庭環境的薰陶下，陳學鋒自小對內地便有著很深的情意結，除了經常跟隨父母回廣州外，中學三年級的時候，更首次參加漢華中學的井岡山體驗團。這一次，陳學鋒感受至深。「我印象中要先坐火車到韶關，然後再坐旅遊巴士到井岡山，想像不到的是當地山區居民的生活條件是那樣差，我一路在想，為什麼內地有這麼窮的地方？我們可以怎樣幫助到他們呢？」就在那一刻，服務社區的念頭開始在他的腦海中萌芽。

正好，葉國謙是他漢華中學的老師，這種亦師亦友的關係從未間斷過，1999年嶺南大學畢業後，葉國謙的一個詢問，陳學鋒便順理成章的當了議員助理，正式投身於地區工作中。他笑言是被葉國謙「氹落疊」的，葉對他說：「做社區服務是賺不到錢的，沒有多少人工，但你做久了，對社區、對人、對自己的滿足感，會讓你離不開這個圈子的。」的確，由於當年民建聯資源不多，工作頗辛苦，整個中西區只有一兩個人負責，除了早上開設街站，晚上也要開法團會議，陳學鋒形容，那是一個扎扎實實的學習階段。

　　但2003年的區議會選舉對陳學鋒造成了莫大的打擊。當年參選的葉國謙因支持基本法第二十三條立法而遭到反對派追擊，在觀龍選區以64票之差輸給了「空降」的何秀蘭。陳學鋒說，原本評估多年的扎實工作下，應該會贏的，但結果僅敗。當時心裡很掙扎，是否還應該繼續做地區工作：「我們做地區工作的工資不高，不問收穫，無假無休，投入了這麼多，為什麼得不到市民的認同呢？」放棄的念頭曾經一度縈繞腦海。

　　「欲窮千里目，更上一層樓」。經歷這次失敗後，陳學鋒選擇出去走走，以便放鬆一下心神，看一看外面的世界。2004年停薪留職一年到北大讀碩士的經歷，令陳學鋒感到世界之大，也讓他對未來重新有了認知，可以說是一次脫胎換骨的經歷。北京大學是頂尖學府，初期，陳學鋒覺得自己作為香港人「很威」，慢慢才發現山外有山，人外有人，「我開始反思到底政治服務是怎麼一回事，回港後我便尋找有沒有服務社區的空間」。當時他的另一個師傅、中西區區議員楊位款打算退休，推薦由他接棒。而他也沒有令兩個師傅失望，2007年區議會選舉，最後以1417票奪得中西區堅摩選區議席。然後連續兩屆選舉都順利連任，直到2019年的選舉才落敗。

2019年的修例風波對市民投票的選擇造成了很大的影響。大規模的示威，令義工們開設街站時都戰戰兢兢，陳學鋒非常擔心他們的安全。他坦言，辦事處兩三次被破壞，也曾經試過在街站時被三四十人包圍挑釁，在當時的社會氣氛之下，已經預期選舉結果是不理想的。雖然最終落敗，自己的票數也依舊穩定增長，陳學鋒覺得，2019年的選舉只是一個小挫折，政治環境帶來的影響並不代表市民看不見他的付出。

無論是2003年的助選落敗，還是2019年自己參選的失敗，他都沒有將敗選全部歸咎於客觀因素，而是反省自身，從而繼續前行，他堅信「做服務社區的工作，不會由於一次半次的失利便輕言放棄的」。

荀子有言，鍥而舍之，朽木不折；鍥而不捨，金石可鏤。陳學鋒的經歷正印證了這一點。

2021年12月，完善選舉制度後的立法會選舉正式舉行，陳學鋒代表民建聯出戰新設的香港島西選區，順利晉身立法會。按照民建聯分工，陳學鋒負責備受關注的房屋問題。香港的房屋問題一直難以解決，陳學鋒認為這是個複雜的問題，涉及多方利益。如何平衡居住與

價值的需求，資產的保值不能破壞，而居住的問題也要解決。陳學鋒覺得，香港房屋實際上是愈便宜愈沒人買，愈貴反而愈搶手。這樣的狀況只能慢慢想辦法解決。

社區服務踏入第23年，經歷無數。但2003年的一幕令陳學鋒至今記憶猶新。當年選舉雖然輸了，但翌日傍晚，他跟著葉國謙到觀龍樓謝票，他清晰記得，葉國謙拿著「大聲公」向著民居說：「多謝各位街坊的支持，葉國謙雖然不能當選，但依然會繼續服務大家！」原本未曾想過收到回應，而不久，四方逐漸有人喊「葉國謙！我們支持你」！漸漸連綿不絕的掌聲從四面八方湧來，如同在戲院謝幕一般。這讓陳學鋒感受到，他們做的事情原來不是沒人認同的，而選舉結果也並不代表一切。「令我當時很感動，明白到政見立場影響了選舉結果是其次，最重要是民建聯的服務始終得到很多街坊的支持和認同。」

一個支持就是前行的動力，一句「多謝」便可以從艱難中撐過來。在社區服務多年，陳學鋒和街坊之間更建立了無法割捨的感情。陳學鋒說，不能因為想多拿選票就偏離自己的路線。

2006年民建聯訪京時，時任國家副主席曾慶紅寄語民建聯「外樹形象，內強素質」。轉眼已過去15年，作為現在的民建聯副主席，陳學鋒認為，今天不一定能說達到滿分，但已經做到80分。外樹形象一直做得很好，是愛國愛港的旗幟，從來沒有懷疑過自己，即使最艱難的時刻，民建聯一直站在與市民接觸的第一線；而內強素質也一直在通過各種培訓加強，新加入民建聯的年輕一代的素質更是步步高升，為民建聯注入新鮮的血液與活力，「能力和水平遠遠超過我們這一代，我認為第三代是很有希望的」。

　　為跟上時代的步伐，民建聯在2016年成立了多媒體創作室，透過互聯網「外樹形象」，時任民建聯秘書長的陳學鋒說，這是民建聯持續更新的表現之一。

　　今年是民建聯成立三十周年，陳學鋒說，民建聯作為建制派的中流砥柱，在香港政治發展歷史上扮演了重要角色。「民建聯在最艱難的時間，豎起了愛國愛港的旗幟，撐起了每一次艱鉅的選舉，扶持了建制派一起壯大和成長。民建聯不僅要自己壯大，更要帶領建制派一起壯大，這才是最重要的。」

　　前人栽樹，後人乘涼。因為有了前輩所開創的路，民建聯才走到今天。陳學鋒說，民建聯前輩的理念規劃非常強大，而這一代在好的環境下卻有所放鬆，欠缺開創時的強力思維，因此要經歷艱難才能繼續成長。

　　十年一代，但陳學鋒認為，民建聯不是「三十而立」，而是「三十不惑」。走自己的路，做好自己的事才是首要的。不是走所謂深藍路線，而是要秉持「是非分明」，有自己的思維；也要給年輕人機會，下一代才有希望，才願意前行。他以自己為例說，不會長期「霸佔」立法會議員這個位置，否則年輕人對未來便沒了希望，就

像如今的民建聯已經在年輕化，積極的進行著更新換代。「人總有退休的一日，總要給空間民建聯年輕一代，一個健康的政團，要不斷換代的，我們這一代更要以身作則。」

23年來付出的有青春、有汗水。陳學鋒說，個人得遠多於失，「即使有一日我離開政圈，我也無悔自己的人生。」淡淡道來，卻又是那樣的豁然。

21 黃定光

新中國同齡人
新時代參與者

▶ 民建聯

掃描二維碼觀看訪談

1949年，黃定光在香港出生，是新中國的同齡人。「我早（新中國成立）18天出生！」儘管已七十有三，黃定光談笑間仍十分爽朗而中氣十足。

73年來，黃定光的個人命運與國家命運緊密相連，他與新中國一起誕生，一起成長，國家坎坷的發展歷程深深地烙印在他個人的成長中。他不僅是國家巨變的見證者，更是建設香港、為祖國發展添磚加瓦的親歷者。

在香港打拼數十載，而今，人稱「象哥」的黃定光隨著去年立法會選舉的落幕，已經正式結束了17年的議會生涯，進入休閒的退休狀態。他說，以後要把時間留給太太和家人，希望可以彌補以往對家庭的疏忽。

從見證者到建設者

黃定光的愛國情懷，源於骨子深處的血脈傳承，源於家庭的耳濡目染，乃至校園老師的諄諄教誨。他自幼生長在一個愛國愛港家庭，父親早年常參與愛國活動，亦常教導他國家、民族的意義。黃定光自小學到中學，一直在香島接受教育。香島校友們之間深切的友誼，亦成為了黃定光人生路上最珍貴的寶藏，儘管大家走出香島，步入社會各界，但如出一轍的愛國理念將他們緊緊連繫在一起。

「時至今日，我們在群組內保持聯絡的同學有七十幾人。如果不是疫情，我們一年半載都會有一次大聚會。」大多數畢業於香島的校友都對社會事務充滿激情，更有不少人成為立法會議員，包括黃國健、張學明、吳亮星等。

1984年，港英政府發表了《代議政制綠皮書》，在次年的立法局選舉中首次引入了功能界別制度，為商界提供了參政議政的平台，亦是

香港歷史上第一次開放權力機關讓大眾以選舉方式進入。1991年，時任香港中華出入口商會秘書長的黃定光，聯同業界、商會人士，去信時任憲制事務司施祖祥，要求在功能組別中設立進出口界別。這一來自業界的強烈訴求最終獲得了採納。

1992年彭定康就任港督後，在當年的首份施政報告中推出政改方案，並設立了9個新功能組別，黃定光所在的進出口界正在其列。這一年開始，進出口界的業界能夠有了參政議政的渠道和平台。也是從這一年開始，黃定光及香港中華出入口商會開始支持唐英年參與立法局選舉。而黃定光後來與立法會的故事，也從這裡悄然揭開了序幕。

這一年還發生了一件重要的事，那就是民建聯的成立。

當時民建聯的創會會員多為基層人士，而工商界、專業界的成員相對較少。為了豐富民建聯的成員構成，發展民建聯在工商界的人物基礎，曾鈺成主席找到了黃定光。兩人的父輩相識相熟，曾鈺成亦深知黃定光的立場與觀念，「當年曾鈺成主席找我加入，我是十分樂意的。」

黃定光對曾鈺成描述的民建聯理念、政治抱負深感認同，他也希望能為社會發揮更多的能量。1993年，黃定光加入了民建聯，成為民建聯創會後發展的第一批會員，「我的會員編號是307，哈哈哈。如今民建聯成員已經擴展到4萬多人了」。

1997年香港回歸後，香港中華出入口商會會員佔了進出口界選民登記的一半還多兩個。因此中出商會經過商討，一致認為應當承擔更多的社會責任，對回歸後的社會再出一把力。於是經協調後，唐英年轉戰其他功能組別，而中出則派出了時任會長許長青參選。

黃定光在許長青參選時就相伴左右，並擔任他的競選經理人。許長青成功當選之後，黃定光亦加入議員辦事處擔任顧問。提到許長

青,曾與他共事多年的黃定光語氣低落,難掩思念。在他的心裡,許是一位相當稱職、工作投入的人,「但很可惜,可能……天妒英才。」2004年,許在體檢中查出身患腎癌,不幸離世。黃定光從他手中接過了沉甸甸的棒子,出任立法會進出口界別議員。

「我從幕後走到幕前,接了許長青先生的班,一做就是17年。」

清者無言,歲月有聲

2004年到2021年,這17年裡,有讚美,有非議,有爭論,有誹謗。新田購物城則是黃定光議員生涯中最難忘的項目,亦成為心中難以抹去的一個遺憾。

香港作為旅遊名城，每日都有數以萬計的內地遊客來訪香港，而水貨客更佔其中的7至8成，拉動香港旅遊經濟的同時也對港人的日常生活造成影響。

「最初的目的是希望能在邊境建立購物城，盡快處理自由行對一些地區的影響，也希望能夠進一步發展香港經濟。」

2013年底，民建聯將落馬洲建設購物城的提議交予有關部門，而作為民建聯立法會進出口界別議員的黃定光，牽頭推動計劃的實施。

「大家都知道新田購物城的落成，經歷了很多困難。」為了達成這一設想，黃定光溝通各界人士以及新田鄉紳，付出了多年的努力。這一計劃，得到了恆基地產與新鴻基地產的支持，以非牟利形式借出了42萬呎土地，僅以1元的象徵性租金租給營運者建立新田購物城。新田購物城很快成立了非牟利基金公司，獲得了一批鄉紳、有心人士的大量資金投入，亦得到政府各部門的配合，申請很快就得到審批。建築籌建方面更是迅速，購物城年內就已落成。實可謂萬事俱備，只欠東風。

但由於新田購物城經過城規會審批時使用的是臨時地皮，而香港的政策限制臨時地皮最長以3年為期，3年期滿後可以續批。黃定光指出，購物城從籌建到建成花費了兩年半時間，建成後3年的許可期限僅剩下半年，而商戶的租約不能超於城規會審批的期限。「原本有許多機構都十分踴躍，希望參與，但在看到租約寫明的半年租期後，尤其是一些大品牌，他們的法務部門一看到租約後，決定等新田購物城續批之後再入駐。」這使得新田購物城最終入駐的商戶，遠少於預期。

而那陣東風，最終也沒有到來。「在這期間，香港的情況有所轉變，自由行取消了，也出現了一些針對內地旅客的『驅蝗』行動」。

2019年的反修例運動及2020年的新冠疫情更席捲了香港，自由行逐漸絕跡，而支持邊境購物城這一設想的論調也銷聲匿跡，新田購物城不堪重負。

「購物城最終出現了很深的虧蝕，我們也被迫放棄了。儘管付出了很多心血，但結果未如人願。」

「時不我與，沒辦法。」黃定光自嘲般地笑著開解自己。

但黃定光並未放棄邊境購物城的設想，「這個設想到今時今日都很好。」他認為，大家不論是去歐洲還是英國等地旅遊，都會到Outlet打卡購物。香港作為一個旅遊業如此發達的地區，疫情後如果能落成像外國一樣的邊境Outlet，「我想對於旅客、本地消費者都有好處。這也是當初在落馬洲邊境搞新田購物城的初衷，是希望雙贏。」而新田購物城的選址地方寬闊，交通便利，泊車位充裕，實際上各方面條件俱佳。黃定光相信，待疫情過去，香港的發展商也會有這樣的眼光和前瞻性，將會有所規劃。

黃定光評價自己在立法會17年的工作說，「工作裏從未犯過大錯，尤其是政治上、立場上的錯」。但部分媒體，則手持放大鏡審視黃定光的一言一行，令人啼笑皆非。

　　網絡上流傳，黃定光早年移民新西蘭後才回流香港。黃定光對此感到莫名奇妙，更不知謠言從何而起。黃定光指出，自己1949年出生，1965年回到廣州讀書，自1972年回港後「從未離開過香港！新西蘭是如何，我從未踏足過，何來說我早期移民新西蘭？」

　　更有媒體拍下其在會議期間在議事堂打瞌睡的照片，並直指其藐視立法會，經過渲染更一度廣為人知。「有一個詞叫做小題大作，他們無可攻擊，唯有拿所謂我在會議上打瞌睡這個話題作為攻擊。」

　　自己不得已的苦衷，竟成為他人攻擊的把柄，黃定光認為這是一個十分無品的行為。原來，在過去的十幾年裡，黃定光一直飽受睡眠窒息症的折磨，每當深夜就寢，肌肉放鬆時，其頸部贅餘的脂肪令氣道變得狹窄，令他難以呼吸。「人看似睡著了，但大腦在不停地為生命掙扎。所以經過一夜的睡眠，我的腦神經是沒有休息過的。」醒來後也並未有休息充足的神清氣爽，而是排山倒海的疲倦。

　　黃定光在醫院的睡眠測試顯示，其每小時睡眠中窒息次數高達60.2次，這意味著他分分鐘都得不到休息。在那段備受煎熬的時光裏，黃定光自己開車都會扛不住地突然發睏，哪怕自己給自己狠狠地摑一巴掌，都不能醒神，而必須停在路旁休息一會，才能繼續開車。

　　由於民建聯許多議員都是地區直選議員，地區工作繁忙，需要解決街坊的求助，因此有時不得不離開會議的場所，佔用立法會會議的時間去解決。但民建聯必須有人留在會議室內，而黃定光作為功能組別的議員，外界工作相對較少，則成為待在會議室時間最長的一名議

員。嚴重的睡眠窒息症、超長的會議時間、民主派令人煩悶的拉布等種種原因，令黃定光常在議會裏扛不住的發睏，「因此對於媒體的種種渲染，我不否認，這當然是事實。」

面對媒體大眾的議論和批評，以及睡眠窒息症帶來的困擾，黃定光積極尋求改變。「我在瑪麗醫院做過手術，在喉嚨中安裝兩隻尼龍棒，彈住贅肉、吊鐘。」但尼龍棒兩三年就會老化，失去彈力而失效。因此黃定光後來選擇帶著呼吸機入眠，至今已有十幾年，而這一療法成效顯著，黃定光逐漸能夠進入深度睡眠，「因此後來在會議上，我也很少犯睏了。」

回歸家庭，頤養天年

1990年，全國青年聯合會在香港招收第一批的全國青年委員，共有9位全國青年委員，包括霍震寰、王敏剛、馬逢國、張明敏、韓秉華、黃富榮、潘進源、黃定光，以及後來成為黃定光太太的林淑儀。

「當年她未嫁，我未娶。其他7位委員就煽風點火，不斷撮合我們兩位。」林淑儀是工聯會的副理事長，在許多社會事件的立場、觀點上與黃定光出奇地一致。「大家不停地鼓動，為我們製造了很多機會。」黃定光憶起兩人的青蔥過往顯得十分甜蜜，1996年，黃定光與林淑儀結為夫妻。

時光荏苒，現年73歲的黃定光不得不承認，17年的立法會議員生涯、繁忙的公務和永遠處理不完的文件，令他完全放棄了個人時間，重要的是疏忽了對太太和子女的照顧。黃定光兒女雙全，膝下兒孫承

歡,「加上女婿新抱,一家有9個人。現在終於是時候退下火線,留點時間給自己和家人了。」黃定光談起家庭和親人,喜悅與幸福幾乎要從笑眼中溢出。

過去擔任議員時,黃定光基本早上7點就需要起床,自己開車到立法會。「現在起碼可以睡晚點,8、9點鐘睡醒都不算遲。」起身後做點運動,載太太去買菜,慢慢收拾從議員辦事處搬回來的文件、物品,夜晚和朋友聊天、看看電視,早早休息。

這種退休生活可謂悠然自得。黃定光笑咪咪地指著過往一向修剪得乾淨妥貼的下巴，如今長出了半指長的白色的鬍鬚，「如今也不需要出街，鬍鬚都亂七八糟。」但這種所謂的不修邊幅，往往給人一種「型」的感覺，像古代的大俠。

儘管黃定光今已榮休，但他表示，如果民建聯有需要，隨時都很樂意為民建聯多做點事。他回憶說，初入立法會時，民建聯在傳媒、研究、政策方面給了他很大的支持，這是他需要感恩的。「這是單打獨鬥的議員做不到的。」而新一屆立法會選舉中，民建聯爭取到了19個議席，其中不乏銳意敢為的民建聯新人。「我在群組裡也一路參與他們，對於一些需要注意的問題，我也會給一些意見。」

黃定光是民建聯創黨後招收的第一批成員，他個人的成長路，其實某程度上也代表著民建聯的發展之路。回首來時的路，他感慨民建聯變化之大、發展之速，「星星之火可以燎原，民建聯從最初一個50幾人的新生政治團體，僅有勞工界的譚耀宗一個議員，到如今，19個議席，成為立法會裏面最大的政團。」

而民建聯的地區工作比立法會的面鋪得更廣，全港擁有18個支部，用汗水灌溉社區，以真心服務街坊。「人們講起政治，好像境界很高，其實很實在的。在疫情如此嚴重的情況下，我們民建聯的兄弟姐妹並沒有停下社區工作，一句話，敢於擔當。這也是民建聯應該要做的。」

黃定光相信，香港市民的眼睛是雪亮的，也是有所感受的，他對民建聯的未來充滿了憧憬：「我相信民建聯對香港將來政治、經濟、民生，各方面的發展，將要肩負更重要的任務。」

22 黃俊碩
聽故事的會計師

很難想像，35歲之齡便攻下4個碩士學位，是一個怎樣的概念，但現實生活中又的確有這樣的一個「碩士王」。

「碩士王」的「戰績」是這樣的：

2013年，應用會計及金融理學碩士；

2016年，工商管理碩士；

2017年，企業管治碩士；

2021年，專業會計碩士。

學海無涯，套用在「碩士王」黃俊碩身上最為貼切；而他現亦正準備開始攻讀博士學位。

新晉立法會議員黃俊碩是一位會計師，大學畢業後，他就沒有停下對知識的追求，前後用了10年的時間，完成了上面4個碩士課程，目的只有一個，那就是不斷地充實自我。

文質彬彬的黃俊碩熱愛會計業，對於這個行業也有他自己的認知。一般人會簡單地把會計師和數字扯上關係，但黃俊碩卻不以為然：「很多人認為會計師是要同數字打交道，但其實不是，做會計師很多時候是在聽人講故事。」

他便是一個會聽故事的會計師。故事聽的多了，自然而然地也就會講故事了。

黃俊碩的故事是從他的家庭開始的。

愈博學，愈「無知」

1985年，黃俊碩出生在加拿大，出世僅僅12天後就回了香港，其後一路在香港成長，中六中七時曾往蘇格蘭的男子寄宿學校求學。但不論是加拿大或蘇格蘭，都沒能把他留住，「蘇格蘭氣候寒冷，環境也一般。冬天時9點多才天亮，3點多就天黑，始終都是更喜歡香港。」

黃俊碩偏愛香港，不論是語言、居住環境，他覺得都好過英國、加拿大。於是黃俊碩僅在蘇格蘭留了兩年，就重回香港上大學，並在香港浸會大學獲得了會計學學位。

黃俊碩的父親黃龍德，是香港的知名會計師，早在1975年就成立了自己的黃龍德會計師事務所。從80年代起，諸多大型投票、抽獎項目，大部分都由黃龍德會計師事務所負責監票。

黃俊碩表示，自己會選擇會計專業，進入這一行，都離不開父親的影響，因為自小便在父親的耳濡目染中對會計產生了興趣。

2007年黃俊碩大學畢業後，並沒有加入父親的事務所，而是希望在外面更好地磨礪自己，遂加入了四大會計師事務所之一的德勤會計師行成為一名審計員。他一邊工作，一邊考會計師牌照。在德勤工作的日子，於黃俊碩而言是不可多得的寶貴經驗，他在這裡學會了專業會計師應當具備的技能，成為一名執業會計師，更收穫了一班好朋友。

5年後，黃俊碩回到了父親的事務所工作，他認為這是家族生意，繼承父親辛苦打下的事業是自己作為兒子的責任。

進入黃龍德會計師事務所後，黃俊碩開始以更高的標準要求自己，從工作中發現了自身知識的局限，同時「時間比較容易調配，也還

年輕，沒有其他負擔，於是希望能夠利用時間讀多點書。」於是黃俊碩開始在香港浸會大學繼續進修研究生課程，並於2013年獲得了第一個碩士學位——應用會計及金融理學碩士學位。

但黃俊碩並沒有就此停下對知識的探索，他發現，愈是廣博地進修，所知道的「無知」就愈多。

在獲得第一個碩士學位後，他馬上又開始下一個碩士學位的研讀。就是前面提及的，他幾乎沒有任何停歇，先後在2016年、2017年及2021年，得到了另外3個碩士學位。

知之愈明，則行之愈篤。黃俊碩不斷地充實自我，提高自身的知識水平和行業技能，而他現在亦正準備開始攻讀博士學位。這也使得他在事業路上行走得愈加扎實、堅定。

2019年，黃俊碩出任香港華人會計師公會會長，時年僅34歲，成為華師自1913年成立以來最年輕的會長。

黃俊碩對會計專業充滿熱情，他將大部分的時間、經歷投放於此。但他表示，儘管自己讀會計、做會計，但並非源於對數字的熱愛。「很多人認為會計師是要同數字打交道，但其實不是，做會計師很多時候是在聽人講故事。」

黃俊碩解釋，實際上做會計、審計，更多的是要聽故事以及了解故事的背後是否和財務報表所反映出來的一致。

「其實數字本身是沒有意思的。」黃俊碩舉例，當一個人告訴你自己賺了1億元，但比起去年經營狀況到底向前發展了還是惡化了？是什麼原因導致這樣的變化？這些都是會計師需要去聆聽的故事，然後再抽絲剝繭地分析是否有潛在的風險。

「重要的是這個數字為什麼會這樣，這也是我們這行業主要的工作和意義。」

電梯內的人生轉折

2014年，香港爆發了佔中遊行。自幼愛國愛港的黃俊碩對佔中感到十分痛心，卻又無處言說。其間，黃俊碩看到了民建聯的擔當，「我對這一方面感到認同，也對民建聯產生了興趣。但民建聯在大眾的印象中偏向基層，街坊服務多點。」

興許是命運的安排。這一天，黃俊碩像往常一樣回家，搭乘電梯時遇到了看著自己長大的一位街坊。兩人如舊寒暄，一同步入電梯。隨著電梯緩緩上升，那位街坊問他：「民建聯正在發展專業會員，你有沒有興趣加入？」並即刻拿出了一張表格遞給他。

黃俊碩印象十分深刻，「我還記得是一張對摺的A4紙，打開是入會表格。」

這位看著黃俊碩長大的街坊，正是時任民建聯主席譚耀宗。黃俊碩在加拿大出生12天後便回到香港，之後便一直居住在這個僅有3棟樓的屋苑，而譚耀宗正正是這3棟屋苑的住客。「可以說譚耀宗先生是看著我長大的。」

「我本身認同民建聯的理念與方向，既然有興趣，那麼就加入了。」黃俊碩笑著說。「但我參與民建聯的事務比較少，因為民建聯主要是地區工作多一點。」

但他萬萬沒有想到，就是那次電梯內的邀約，令他的人生軌跡發生了重大的轉變。

參選立法會，為業界分憂

2021年，黃俊碩代表民建聯參選立法會會計界功能界別選舉。黃俊碩回憶說：「在參加立法會選舉的前一年，我正擔任香港華人會計師公會會長，那一年很深切地感受到業界的困難，不論會計規管、法律法規還是整體環境。」

黃俊碩形容，如今的業界環境甚至比自己15年前剛入行時更加艱辛，留給中小型會計師事務所的生存空間愈來愈小。這令他想幫助業界做更多的事情，創造一個健康的發展環境。

初次參選，就遇著強勁對手，4個參選者中，黃俊碩是年紀最小、資歷最淺的一位。其他候選人中，有的是區議會主席，早在2004年就曾參選立法會，熟悉競選工程。黃俊碩坦言，自己相較而言在業界少點人認識，「最初都不是很有信心。」

第一次選舉論壇，黃俊碩顯得十分緊張。從政多年的區議員、大學辯論隊出身的參選者，他們很快將火力集中在經驗尚淺的黃俊碩身

上。「他們年紀都比我大，是很好的對手，所以對我而言是一個很好的學習過程。」黃俊碩表示，頭兩場論壇因為緊張和陌生未能發揮到最好，但他認為後面四場發揮得非常好。

對於自己在短期內能有這樣飛速的進步，黃俊碩感恩民建聯給予的資源和培訓。「業界內的知識或者行業內的事情，我是知道的，但你說如何對答，這方面有賴於民建聯的幫助。」這個成長的過程很艱辛，但對於黃俊碩而言亦是一種別樣的享受。

當時許多人抨擊黃俊碩「有一個好父親」，詆毀他「可能靠裙帶關係進入立法會」，但是實際上在黃俊碩參選立法會的過程中，父親黃龍德並沒有幫忙，黃俊碩笑道，「還是民建聯幫忙多點。」

黃俊碩沒有靠父親，也沒有依賴任何人的幫助，而是靠自己不斷打電話，不斷地摸索。大學同學也好，過去的朋友也好，抑或是業界同行，黃俊碩一個一個地致電。許多立場不同的年輕朋友，得知他以民建聯的背景參選，十分生氣，直言不會支持。但也有朋友表示儘管立場不同，但仍會為了支持黃俊碩投出自己的「處女票」。「都有些朋友說，這次真的要含淚投民建聯。但沒辦法，因為你在民建聯，我含淚都得投民建聯。」

黃俊碩回憶起選舉前的那一晚，有個助選的兄弟到其朋友家中吃飯，而那位朋友的姐姐恰好是會計師。飯桌上，兄弟隨口問道：「明天立法會選舉喔，你會不會投票？」兄弟並不清楚這位姐姐的政治背景和立場，僅是隨口一問，但她的回答令他感到訝異，她答道：「黃俊碩。」

兄弟連忙追問為何願意投這一票，朋友的姐姐表示，她認為黃俊碩相對政治立場清晰，不似其他人標榜自己中間派，也曾從朋友口中聽過此人，知道他過去一直在業界服務，並非只有選舉才突然冒出來，她相信黃俊碩可以為業界做實事。同時她也看了競選論壇，黃俊碩在其中相對合適、出色。

黃俊碩坦言，最初希望做好業界都有一點是為了自己，因為當業界環境變好時，自己亦能受惠。但這是第一次，他從一個完全不認識的人口中發現，原來自己一直的付出是有人看在眼裡、記在心裡的。他為此感到歡欣鼓舞，一路以來的工作得到了業界的肯定，這一件小小的插曲令黃俊碩感到信心倍增。

最終，黃俊碩以3,175票成功當選立法會議員。那一晚，黃俊碩的父親坐在台下仰頭看著自己的兒子，笑容洋溢在臉上，看起來很開心。

如今，繁忙的立法會會期已經展開，黃俊碩平日要到立法會開會，會前亦須花費很多時間認真查閱相關文件。而他在週末時則會處理業界的事務，在這一方面，黃俊碩十分堅持，「一定要堅持業界的工作，立法會為什麼會有功能組別，它存在的意義就是我們要代表業界去做事。」黃俊碩認為，必須身處業界，才能真正了解業界所需所困，才能更好地在立法會的層面幫助業界，把業界聲音帶進議會。

進入了立法會後，黃俊碩才慢慢地發現，民建聯原來跟他所想的不太一樣。「好老實講，我加入民建聯前，感覺民建聯就是一個年長點的政團，也是一個比較老點的政團。」

發現了什麼新大陸？原來黃俊碩說的是其他18位民建聯議員同僚。「咦？原來民建聯的成員，都很年輕喔，大部分立法會議員的年紀都三十尾，四十多而已。」

　　黃俊碩笑稱，自己在民建聯的8年裡，愈來愈成熟了，但民建聯卻愈來愈年輕了。

23 黃英豪

從臨立會到立法會的不尋常經歷

▶ 民建聯

掃描二維碼觀看訪談

1997年7月1日凌晨，香港回歸日，一位未滿34歲的青年，在香港會議展覽中心內莊嚴宣誓，就任香港特區政府臨時立法會議員，他是當年最年輕的議員。

　　時隔24年後，2022年1月3日，當年那位青年在立法會議事廳內再度宣誓就任。他是黃英豪。當年做了一年多的臨時立法會議員，經過逾20年後，再度當選，重返議會，這在香港立法會歷史上實屬罕見。

　　「黃英豪」在香港政界絕對不是一個陌生的名字，和這個名字掛鉤的往往是「青年才俊」、「前途無量」等等字眼。的確，除了出身著名家族之外，更擁有良好的法律專業，年紀輕輕的便進入臨時立法會，其後更被中央委任為香港特邀人士界別之中，最年輕的全國政協委員，至於香港和世界十大傑出青年的稱號早已經成為囊中之物。這是多麼令人羨慕的一張履歷！

　　不過，正如古語所說：「自古雄才多磨難」，黃英豪的人生道路也不是一帆風順，其中有成功，也有波折。但是，無論遇到什麼樣的艱難險阻，他沒有不忿，也沒有怨天尤人，而是積極面對，從容處理，可以說，波折反而令他變得更為成熟穩重。

奔波深港兩地，助港平穩過渡

　　1963年，黃英豪出生在香港一個顯赫的家族，爺爺黃笏南是知名油漆廠「駱駝漆」的創辦人，在香港以實業致富。父親是著名律師黃乾亨。1979年，新華社香港分社邀請一批香港的法律界人士訪問北京，黃乾亨正在其列，也正是這次訪問，加深了他對內地的了解，亦看到了內地改革開放帶來的機遇和潛力。從北京歸來後，黃家便開始逐步將在香港工廠的生產轉移到內地廣東省。

　　儘管年幼的黃英豪並未隨長輩一起到內地，但他仍記得長輩同他描繪的場景，也記得長輩講述的內地故事。家中長輩從未向他空喊愛國的口號，亦未曾說教，卻潛移默化、潤物無聲地教導了黃英豪作為一個中國人應有的愛國情懷。而黃英豪從父親黃乾亨那裏繼承的，不僅有對律師工作的熱愛，還有對社會的關注及參與。

　　1985年，22歲的黃英豪從英國根德大學法學院畢業，考取了律師資格後就回到香港發展。彼時的香港，正值回歸進程裡中國恢復行使主權的過渡期，這是一個關鍵而重要的時期。

1987年，由於工作需要，黃英豪加入了父親律師事務所的中國事務部，時常到內地公幹。1992年，黃乾亨黃英豪律師事務所得到中華人民共和國司法部批准，在上海設立了內地第一家境外律師事務所辦事處，協助內地企業進行股份制改造和境外上市。

在這幾年裡，黃英豪親眼目睹了中國改革開放的歷程以及飛速的發展，見證了法制建設逐漸完善、公平。多年的律師經驗磨練了黃英豪對法案法例的敏感度和熟悉度，他開始接觸其他類型的事務，貢獻自身所長。他和許多愛國愛港的青年人一起，在香港回歸的關鍵時期，積極參加了確保香港平穩過渡和繁榮穩定的工作。

1996年12月21日，黃英豪當選為特區臨時立法會議員，當時他剛滿33歲，是60位臨時立法會議員中最年輕的一位。

黃英豪回憶說，當年臨時立法會不獲港英政府承認，亦不配合提供資料，後勤支援極為有限。每個週末，議員們都需要到一河之隔的深圳出席臨時立法會以及各委員會會議，討論香港回歸的相關法律事宜。

臨時立法會的工作緊張而繁重，因為有大量的法案需要審議。半年間，議員們都要風塵僕僕地奔波於深港兩地，「但我從不覺得辛苦」。肉體上的勞累掩蓋不了內心的興奮，黃英豪為自己能夠運用法律專業知識直接參與香港回歸這件歷史性的大事而感到光榮和自豪。

1997年7月1日凌晨零點，義勇軍進行曲在香港議會展覽中心奏響，中華人民共和國國旗和香港特別行政區區旗一起徐徐升起，香港歷經百年滄桑後終於回到祖國的懷抱。黃英豪與其他香港特別行政區臨時立法會議員一起走上主席台，在五星紅旗下宣誓就職。

那一刻，黃英豪心中思緒萬千，這是香港的歷史性時刻，也是他終生難忘的日子。他回想起年少時在英國寄宿學校求學的自己。那是

上世紀70年代，當時的他作為一個來自英國殖民統治地區的學生，遠到所謂的「宗主國」求學。在那裡，黃英豪親身體會到了來自英國人根深蒂固的種族歧視，同齡學生毫無顧忌的欺辱。但現在，那些年少的不甘全都隨風消散了。

香港回歸交接儀式結束後，臨時立法會舉行會議，通過了特區成立後的第一條法例——《香港回歸條例》。這避免了法律真空並確保香港回歸後的社會運作如常，使香港的法律制度、司法和公務人員的體系得以平穩過渡。

回歸後，臨時立法會仍肩負著重要作用，需要做好香港首屆立法會成立前的銜接工作，維持現有法律、法律制度與延續性。因此臨時立法會亦成立了不同的事務委員會，年輕而精力旺盛的黃英豪一時間加入了多個委員會，亦在期間擔任法案委員會的副主席。「好多事情，資料一疊一疊的。」

但黃英豪仍憑著年青人無盡的熱情與精力，認真地完成每一項事務。「我堅持了半年一年之後發覺，真的搞不定，太多事情要做了。」黃英豪說著，不禁為年輕時莽撞的自己笑出了聲。臨時立法會通過了公安條例、社團條例、國旗及國徽條例等，這一些法律的通過對特區的順利運作起了相當重要的作用。

03年緊急提案獲優秀獎

2003年第十屆全國政協委員名單公佈，時年39歲的黃英豪成為香港特邀人士界別（港區）最年輕的委員。「眨下眼都差不多20年過去了，我每年都會提出3至4個提案。」他從政協會議中看到了中央官員對每項議題的深思熟慮及充分關注，亦從會議中體會到管理如此人口龐大、幅員遼闊的國家的複雜性。

政協工作的20年裡，黃英豪印象最深刻的仍是2003年，也就是第一年參與政協會議時。那一年，沙士襲港，黃英豪注意到沙士疫情除了影響內地、影響香港，也影響到了台灣地區。彼時的台灣地區亦出現以一傳多的「超級傳播者」現象，且致死率居高不下，情況亦十分嚴峻。

黃英豪提議，希望中央對台灣地區的防疫給予一定支援。由於疫情刻不容緩，該提案作為緊急提案轉至國務院，時任國務院副總理吳儀做出重要批示，要求盡快落實。黃英豪回憶，儘管當時受疫情影響，北京各部門都未有正常上班，但各部門處理效率非常高。很快，中央就主動向台灣地區伸出援助之手。

這份緊急提案，令黃英豪獲得了當屆政協的「優秀提案獎」。但黃英豪對此卻十分淡然，「我不覺得我提出的提案中央想不到，不過可能

我提得比較快,比較及時。」而這個獎項更激勵著黃英豪再接再厲,他愈發認真地對待每一次提案,希冀再度獲獎。「有時拿到一次獎之後又想拿到第二次,要好努力。」

黃英豪表示,中央各部門高度重視委員的提案,每一個提案皆有詳細的回覆,亦有專人負責跟進。這令他覺得與在香港大有不同,儘管在立法會也可提出意見,或是直接質詢行政長官,「但不知道你是否有這樣的感覺,(在香港)我提出我的意見,但他有他的應對。大家不一定對得上號。」黃英豪認為,內地這種持續追蹤進度的方式值得特區政府學習。

投身青年工作,拓寬上升通道

黃英豪在1998年被評選為香港十大傑出青年,1999年當選為香港青年聯會主席,其後出任中華全國青年聯合會副主席,自此和青年事務結下了不解緣。

「年輕,我們大家都經歷過。十幾歲的時候是比較容易激進的。」黃英豪表示,一個年青人的思想會伴隨著其個人成長而逐漸成熟,在成家立業後,年青人會對整個社會更有擔當。而社會各方面需要做的就是為香港的青年提供上游的通道。

黃英豪指出,香港過去幾十年裡,除了金融圈、地產界,真正可以令年青人上游的管道並不多,許多行業處於高度壟斷並情況持續嚴峻。一個不具有身份背景,亦無其他優勢的年青人,在香港目前的環境下雖不至於難以溫飽,但要實現個人理想和追求卻難上加難。他又以與香港一河之隔的深圳為例指出,幾十年來令人驚嘆的青年成長事例數不勝數。

「所以我覺得香港如何更好融入國家發展，絕對不是一個口號，而是香港未來發展的關鍵。香港的未來也是香港年青人的未來。」

黃英豪目前正持續關注如何令香港的互聯網與內地的互聯網接合，幫助港青透過跨境電商創業。他表示，內地的互聯網市場作為全球用戶最多的互聯網市場，在二、三十年裡，孕育了一批世界性的超大型企業，潛力巨大。但受內地現時法律政策限制，香港網絡與內地未能互通，且港澳人士被視作境外人士，這令香港年青人失去某些方面的創業機會。

黃英豪表示，自己時常到週末的西貢，或是到維園的年宵市場，看到許多年輕人在街頭上做檔口仔，販賣他們的創意用品。「如今新時代，我們沒理由好像我們的父輩一樣，週末推車仔出來做小販。」香港的年青人亟需一個更大的窗口，展示和銷售自己的創意和產品。

加入民建聯，助港開新篇

黃英豪的仕途起步較早，他擁有律師專業，又擔任全國政協委員，是1998年的香港傑出青年和2003年的世界十大傑青，2005年就獲得銅紫荊星章。從政20多年來，黃英豪除了參與過1999年成立的政團「新世紀論壇」外，一直未曾加入過其他政團。直至2020年，結識於青年聯會時期的好大哥、恩師——「象哥」黃定光，邀請他加入民建聯。

黃英豪笑言，自己過去同大多工商專業界的認知相同，認為民建聯主要是代表基層的。但在仔細了解後，發現民建聯其實是一個跨階層、跨界別的政團，以全香港的利益為依歸。因此，他最終決定加入民建聯，另外，他也表示：「在立法會裏面去爭取一些東西的時候，就算是界別的利益，如果有一個政團的支持是好很多的。」

　　2021年12月，黃英豪參選2021香港立法會選舉進出口界別並成功當選。時隔24年，黃英豪再次坐進了立法會議事廳。當年一同在臨時立法會的同仁呢？「只剩下我新世紀論壇的老友，馬逢國。」

　　時隔多年後再次參與立法會會議，黃英豪感慨立法會的氛圍之良好，同前幾年的亂象有天壤之別。「氣氛恰如回到了1997年的時候，回想起來，都覺得我真的有點運氣在，這樣我們才能做到自己想完成的使命。」

　　「民建聯19位議員中，我是年紀最大的一個！哈哈……」從當年的最年輕，到今天重返議會，近四分之一個世紀悄然而過，但歲月並沒有在59歲的黃英豪臉上留下痕跡，天生一幅「娃娃臉」依舊是老模樣，笑聲亦然。不說又有誰會知道，他已經在幾年前「升呢」做了爺爺呢？

24 葉文斌

香港是值得擁有的家

「香港是我家，怎捨得失去它，實在極不願，移民外國做遞菜斟茶……」曾幾何時，這首1990年膾炙人口的流行樂曲，道出了多少香港人的心聲。又有誰會料到，30多年後的今天，移民再度成為了當下的熱名詞。不少年輕一代選擇了離鄉別井，但80後的葉文斌卻從來沒有想過移民，因為香港是他熱愛的地方。

作為土生土長的香港人，葉文斌是有抱負的。

「香港應該怎樣發展，未來30年的藍圖是什麼？這是我們要思考的問題。我們要讓下一代見到希望，用行動告訴那些已經移民的人：我們值得留下，香港是值得擁有的家。」

35歲，正值當打之年，一般人絕對不會想到，這個年紀已經在政圈打滾超過12年了。24歲參選區議會，30歲當民建聯屯門支部主席，現在是民建聯執委……這種很多人眼中夢寐以求的從政經歷，葉文斌卻看似輕而易舉的得到了。

葉文斌說，一切要感恩民建聯。

政黨實習成從政起點

早在2008年，民建聯推出了青年民建聯政黨實習計劃，目標是希望吸引大學生在暑期參與為期兩個月的實習。剛剛在城市大學讀完一年級的葉文斌，被該計劃中地區工作的部分深深吸引，因為他「喜歡與人聊天」。「我上網查過，民建聯是規模最大的政團，有自己的研究部，民生做的不錯。」

沒想到，就是短短兩個月在屯門蝴蝶邨的實習，奠定了他走向服務市民的道路。其後，時任青年民建聯主席張國鈞問他，有沒有興趣加入民建聯。葉文斌覺得，民建聯原來也看重年輕人，加上可以參與

實務性的工作，遂在翌年，也就是仍然是大學生的時候，做出了他人生中一個足以影響一生的重要決定。他最簡單的考慮不過就是「不管進哪個政團，都是為了為民服務。」

剛剛加入，他就成為青民委員會的委員，幫忙負責自己曾經參加的實習計劃，「這時候就已經有薪火相傳的感覺。」其他的時間就展開了地區工作，而到2010年6月時，他已經幾乎是全職服務社區的一員了。

畢業的鐘聲已經敲響之際，葉文斌還沒想好未來的路怎麼走。周圍的同學都開始攻讀研究生學位，而葉文斌也處於糾結之中。「是繼續深造不太鍾意的課程，還是出來全心做地區服務？」正好，實習時的師傅，屯門區議員蘇愛群邀請他全職做地區工作，他覺得既然自己一直在做地區工作，那不如繼續做下去。

葉文斌說，當時從來沒有考慮過參選的問題，當時參選的都是有一定年齡的前輩們，對他這樣一個「黃毛小子」而言，參選應該是遙不可及的一回事。

但，世事無絕對。

首戰區選政途邁步

基於他有地區工作經驗，民建聯決定派年輕的他參選，但選區並不是他一開始參與地區工作、位於屯門西南的蝴蝶邨，而是在屯門東南的兆翠選區。

2011年，剛剛畢業的葉文斌就這樣披甲上陣，第一次參選區議會。那一年他才24歲。

「倒也沒有考慮很久是否要參選，畢竟和日常中做社區服務也沒什麼衝突，不過就是需要擬定政綱，但那也是來源於平日自己對於社區需求的觀察。」

葉文斌說，參選後有一件感到最有趣的事，「站在街邊小巴站等車，看到自己的頭像掛在街的對面感覺有點奇怪，也很好笑，其他的橫額都是一些前輩，原來，年輕人也可以。」

這一次的參選，葉文斌沒有包袱，但過程是艱辛的。民建聯在選區附近沒有辦事處，因此每次都要自己從屯門支部「推車仔」去開街站，每次都要十幾二十分鐘時間。葉文斌說：「做這種工作對於年輕人最大的挑戰是恆心，你很興奮地去參加一兩次是人人都可以做到的，但每週一三五都要一直堅持做是不簡單的，你想偷一次懶，可能以後就不想再出來了。」他很感謝一直催促鼓勵他的那些年長義工。

兆翠選區的前身是兆麟選區，是以私樓為主的選區，和蝴蝶邨選區有著本質上的不同，1999年開始，民主黨連續三屆均在這裡高票數勝出。

預期之內的結果是，葉文斌也輸給了民主黨的對手。而這次經歷讓他感受到：做社區服務不是那麼簡單的，「不是你空手過去，『靚仔白淨讀得書』就能當選，而是需要時間去歷練的。」

雖然輸了，但葉文斌沒有絲毫的挫敗感，依舊一日復一日在地區做著重複的工作。「你會發現，做習慣了這些工作，很難不繼續做下去。」他在等待下一次機會。

葉文斌開始思考如何提升自身的素質，如何更加「貼地」。2013年，他的角色出現了改變，成為立法會議員陳克勤的助理，「感覺是命運的安排，身邊的前輩都是我的貴人。」去立法會學習的經歷讓葉文斌感到自己進入了「另外一個天地」，學習到的也是在地區工作難以涉獵的範疇，包括與官員打交道，參與法案的研究。

同一時期，他又攻讀兩年法律課程，取得香港大學專業進修學院法律證書及法律文憑，由此學習了很多通用的法律知識。「我是理科底，這個過程又讓我在為街坊解決問題有了『多幾把刀傍身』。」

2015年第二次參選區議會，葉文斌承載著大家的希望，凱旋而歸。

他以602票之差拿下了民主黨經營16年的兆翠選區，以29歲之齡當選區議員。

這是令民建聯振奮的消息，也是葉文斌從政路上的一個里程碑。「無論輸贏，都是一個重要的歷史時刻，但不是屬於你一個人的，而是屬於一批人的。不少義工感動到哭了，但我沒有，那一刻的我是比較成熟的。」

「最感動的時刻是凌晨點完票，和女朋友到附近大排檔吃飯的時候，女朋友拿出一個很漂亮的蛋糕，祝賀我成功。那一刻是畢生難忘的，不是因為贏了，而是大家的祝福更令我感動。」

年僅30歲便被委任成為民建聯屯門支部主席，對葉文斌來說是很大的挑戰，但這也是讓他飛越式進步的崗位，他學會了如何處理黨內事務，了解了黨內的民主程序。

不因困難而退縮

2019年，眾所皆知，是民建聯艱難的一年。葉文斌的辦事處也受到破壞。「我之前的辦事處被人打爛了玻璃，裏面有十幾塊街坊們送的『為民服務』玻璃獎牌，結果被人縱火燒爛了，一塊也沒剩下，我也覺得有愧疚於大家。」

更令他印象深刻的經歷，是2019年區議會選舉報名參選的那一天，他完成整個報名程序已經是晚上8點了，而報名地點的屯門政府合署在8點15分就被人縱火了。「電梯也被燒了，走遲15分鐘的話，可能在電梯裏的就是我了。」

那一剎那，從政者的無力感深深地圍繞著他。太太也擔憂他的安全。

「擔心都沒有辦法，她勸我不要去開街站了，但是義工們都在，我不去怎麼行呢？」他囑咐太太照顧好自己，「我晚上會回來吃飯的。」

有人看不慣、有人粗口罵，但是葉文斌說，不會因為有人罵幾句就不再做事。「當時有一個小孩，自2011年起，我每天早上開街站的時候，都會看見家人送他搭校巴，我們都有講有笑，目送他上校巴。但2019年的一天，有300多人來包圍我，而衝在最前面，指著我罵得最兇的，就是那個當年的小朋友。」

令葉文斌不解的是，為何多年的街坊感情可以一下子就全部消失。

「但是我相信他遲早有一日會回頭的，我也希望他會走回正路。」但時至3年後的今天，他都沒有再重遇那個男孩。

「我們選擇了做這個角色，不可以因為困難而退縮的，我相信大部分的民建聯人都是這樣的。」葉文斌說。

「我相信暴力事件是會有長遠的影響的，而怎樣做好未來的教育工作是重要的，不能把問題推給通識科，家庭教育也是非常重要。當你的孩子出去參與『黑暴』的時候，你有沒有引導他去走一條正確的路？這是需要反思的。」

多年的社區經營，本來認為自己尚有勝算，不過投票結果還是未能盡如人意。葉文斌得到了4224票，高票落敗，「街坊能夠出來投票勇氣都很大，結果不代表一切，我們還會繼續努力的。」

新時代下摸著石頭過河

　　今年是民建聯成立三十周年，葉文斌也在這裡度過了**13**個春秋。13年前的民建聯才有1萬多會員，13年後，民建聯人數已經超過4萬3千人，翻了不只一番，會員亦更趨年輕化。身為執委的葉文斌說，在有750萬港人的香港來說，民建聯會員還是很少。他希望民建聯能夠朝跨界別發展，吸收更多專業人士及對政治有熱誠的人。

　　在葉文斌眼中，民建聯是一個有感情的政團，通過溝通交流與街坊建立的感情是民建聯的核心力量。「13年前的我，也不過就是一個普通的大學生，民建聯給我機會發揮自己的能力。雖然我不是讀政治出身，但我都能有機會。」

　　至於香港未來的路應該怎麼走，香港應該打造成什麼樣子，葉文斌說：「香港現在面對著新時代，對政團的要求也不同了。要摸著石頭過河，作為一個大黨，民建聯應該多提出自己的觀點，特別是在政策方面影響政府，令下一代人見到希望。」

25 劉天正

矢志從政的「90後」新星

掃描二維碼觀看訪談

每個人都有自己的夢想，只有堅持走自己的路，才會有夢想成真的時候。10年前，當劉天正還是一個中學生的時候，便立志要從政；10年後的今天，他已經做了5年地區工作、參加過區議會選舉，更成為本港第一大黨民建聯最年輕的執委之一。

對於被外間形容為年輕有為的新一代，劉天正沒有壓力，他的理解是，「區佬文化，原來年輕人也可以做到。」

貴為香港大學政治與公共行政學系畢業的天子驕子，90後的劉天正沒有像其他同學一樣，報考號稱「鐵飯碗」的政務主任（AO）職務，而是選擇了做地區工作，圓了自己的從政夢想。但要知道，做地區工作的收入和做AO相比，有天淵之別。

「最近和做AO的同學吃飯，他們擔心的是我的財政狀況，哈哈。」劉天正看的很開。

中四實習結緣民建聯

能夠成為民建聯的一員，是一種緣份。劉天正在聖保羅男女學校讀中四的時候，要做一個星期的實習。經同學介紹下，到了中西區的區議員蕭嘉怡辦事處實習。

就是這7天的緣分，決定了劉天正以後的路向。

「一開始接觸，就感覺到民建聯的地區工作是非常扎實完善的，本身我就對政治有興趣，我希望從基層的工作開始做起，所以後來讀大學的時候就加入了民建聯。」劉天正認為，要做地區工作還是民建聯最合適。

自大學起，劉天正已經展開了在中西區的地區服務工作，至今已經超過5年。他坦言，剛開始的時候，是以區議員蕭嘉怡、盧懿杏助理

的身份落區，完全沒有人認識他，感受到卻是街坊對他的一些質疑。「他們覺得『你這麼年輕是不是能幫到我啊』，你能跟政府溝通嗎？」他只好一路做，一路學。到了現在，在他所服務的海味街地區，各舖頭的人都認識他了，「從地鐵站走到辦事處，十幾分鐘的路程，不斷會有街坊打招呼聊天。」

　　有人擔心他太年輕，做地區服務很難有耐心，亦捱不住辛苦。劉天正倒是打心底佩服那些前輩們。「我年輕，可以每晚開會開到10點、11點，第二天早上7點起來繼續到街上工作，我都會有一些體力

上的疲勞。而那些比我年長的前輩們卻個個都這樣，我感覺真的是需要很有毅力，他們不斷的堅持做10年、20年，甚至30年，這種耐力和堅守是值得我學習的。」

區議會選舉初試啼聲

2019年區議會選舉，劉天正被民建聯「看中」，派他參選西營盤選區，接師傅盧懿杏的棒。這一年，劉天正僅僅23歲，是民建聯派出的年輕新星之一。

這是劉天正第一次披甲上陣。「前輩們看中我是『很有心』，也是真真正正願意花時間落區、開會跟個案的年輕人，所以也願意給我機會。」

這次的選舉對民建聯來說，是艱難的一屆。劉天正也難以倖免。選舉期間，劉天正的個人資料也被放到網上，包括一些真真假假的資訊。「有個消息說我是積極參與『佔中』的，是勇武派份子，加入民建聯是為了做『臥底』……」

劉天正很淡定：「當然是假的，無稽之談。這樣做只想達到一個目的，那就是不讓劉天正拿到這個議席。這些雜聲我會視之為一個過程。」

民建聯主席李慧琼知道這事後，按照程序，要他遞交一份解釋。但劉天正知道，民建聯是十分信任他的。「沒有一個做『臥底』的人會花時間精力和耐心，慢慢做各種大大小小的地區工作，我相信大家都看得到。」

但劉天正承認，受事件影響，當時壓力爆煲。「我當時全臉都爆出暗瘡，網上的聲音全是反對你的。」他開始思考，選擇這條路是否正確，未來是否能不忘初心的做下去。最終他堅持住了，守得雲開見月明，這個事件也就一笑了之。

劉天正當年的選舉口號是「天天服務 正為您做」，無論環境多麼惡劣，他堅持開街站服務市民。「當時我很瘦，那時候的褲子現在穿不下了。哈哈。」民建聯為了保護參選者，向他們每人派發了「防刺衣」，「出去做街站時，我天天戴著這一塊鐵牌。不過，香港島的情況其實尚算平靜，人們最多罵你幾句而已。」

劉天正表示，當時不太擔心自己的安全。「因為我很有信心街坊們了解我是什麼樣的人，他們都知道我是個講道理的人，不會用什麼激進的手法對待我，但是確實會擔心義工們、家人、朋友們的安全。」

選舉結果亦一如預料，劉天正以2202票的成績落敗。但這個選票，是民建聯自1994年派人參選這個選區以來的最高票。

知道選舉結果的凌晨時分，劉天正致電當時為政務司司長政治助理的師傅蕭嘉怡：「我輸了，但我下次想繼續選。」

但整個建制派「兵敗如山倒」的結果，令劉天正感到挫敗，「不是我一個人輸的問題，整個建制派輸，會否影響到以後呢？但唯一沒想過的就是放棄，愈是困難的時候更應該堅持。」他明白，從政不是那麼簡單的一次輸贏，而是要長久堅持下去的工作。

經歷過「佔中」，也經歷了2019年，劉天正回想當初，覺得這也是一段經歷。「之前我們只能接觸到支持者，反對者就不太愛來與我們溝通的，而經歷過這種狀況，反而能夠逐步改善溝通的環境。」

民建聯應搭建溝通之橋

作為土生土長的香港人，劉天正沒有左派的背景，但對國家亦有所了解。中學時，在學校的組織下，他去過北大遊學，之後也參加過到山東、廈門等地的扶貧團，與內地有很多交流。「從小到大父母教導我是一個中國人，這種身份認同，家庭影響比學校大。」

劉天正認為，香港目前正處於一個變革的狀態，一是民生政策方面，就如房屋土地問題，一日解決不了，一日就不會有好日子。二是香港和國家關係方面，兩種制度要分清楚，民建聯在兩制間應該扮演一個溝通的橋樑，用香港人熟悉的語言解釋國家政策，同時向國家反映香港人的心聲。

他承認，目前這兩方面都可以做的更好。「否則2019年的事情不會發生。」

作為90後的一代，劉天正理解年輕人對政府的不滿情緒。「年輕人對政府不滿，其實是可以理解的，不是沒有原因的。他們有一種對自己前途的擔憂，你不做四大產業就沒有出路，甚至讀航天專業的，在香港也沒有發揮之處，歸根結底，是政府沒有解決深層次矛盾。」

在這一方面，劉天正認為，香港確實是「彈丸之地」，資源太少，因此可以聯合大灣區共同發展，這才是未來應該做的。

加入民建聯5年多以來，劉天正感受良多。他說，民建聯是一個最忠實的政團，一路以來堅持自己服務市民的信念，即使在2019年亦不變初心。他希望民建聯在未來的日子堅守服務為本的精神，繼續走入市民中間。「民建聯在未來更應當有自己的政策出來，要有新的思維，這樣才能更長遠的走下去。」

劉天正常常詰問自己的是：「到底我可以為民建聯做些什麼？我可否延續民建聯的文化歷史？」最後他得出很簡單的答案：希望將年輕人的聲音帶入民建聯，延續民建聯原有的傳統。

長風破浪會有時

作為「人生勝利組」的一員，「年輕有為」成為劉天正的代名詞。年僅25歲，卻已經擁有了豐富的人生經歷，除了在政途上已經開始邁步外，個人方面也已經成家立室，並已經和家人合資置業。

劉天正形容自己是一個好動、外向型的年輕人，但偏偏就是不喜歡運動。「我喜歡嘗試不同的新事物，是一個不可以悶的人。看電影、吸收新的資訊，我都喜歡，我現在正在看《中國通史》這套紀錄片。」

早在十三四歲的時候，劉天正已經出任香港電台的兒童節目主持，後來又開設過補習社。目前，劉天正是立法會議員陳學鋒的助理。

長風破浪會有時，直掛雲帆濟滄海。或許，不久的將來，新的挑戰正在等待他。劉天正已經做好了準備。

26 劉佩玉

服務基層
用心用情

▶ 民建聯

掃描二維碼觀看訪談

緣份是一種很奇妙的東西，有時候在你不知所措的時候，它會不經意的找上你，或許，這就是所謂的天意吧。劉佩玉和民建聯的緣份就像是冥冥中注定的一樣：在她迷茫的時候，民建聯為她敞開了一扇大門。

就是靠和民建聯結的這個緣，劉佩玉找到了屬於自己的人生路。她自2007年起，憑藉出色的地區工作，4次參選區議會，四戰四勝，即使是在環境惡劣的2019年，她也保持不敗戰績。民建聯成員中，能夠連續四屆當選區議員的，為數不多，劉佩玉是其中之一。

從民建聯的一個小職員，到成為今天實幹型戰將，這一切都是劉佩玉凡事親力親為，用心服務街坊拼回來的。16年的地區服務，她除了感恩培養自己的師傅張文韜外，靠的更是民建聯扎實的地區服務團隊，以及自己一路走來全心、全意、全力用心去做好每一件街坊的小事。「我出身基層，做一點事情就可以幫到人的話，我會盡力去做，街坊會感受到你的誠意。」

香島教育延續愛國基因

1996年，16歲的劉佩玉和妹妹從東莞市茶山鎮移居香港，和父母團聚。「當時住公屋，2人單位住了6個人，十分狹窄。後來調遷至樓下大少少的單位都算幸運了，童年時沒有住過劏房。」劉佩玉的父親是一名點心師傅，「在那個年代，儘管父母輩知識水平不高，但只要肯做，生活雖不富裕，但也不會太差。」

剛到香港的劉佩玉，人生地不熟，想要找學校讀書，卻不知道該如何尋找校方，甚至該找誰求助都茫然不知。「是在親戚朋友的幫助下，後來很幸運地到了香島中學就讀。」香島中學是香港一所傳統的愛

國學校，學生來自五湖四海，長春、吉林、福建等各地都有。這使得初來乍到的劉佩玉儘管一開始對香港的一切都感到陌生，但很快就融入了校園生活。

「香島中學的愛國環境也對我有很大影響。」劉佩玉回想起在香島中學的時光，學校每週都會升國旗，校長會在早會上為同學們講解時事、國情。這使得劉佩玉儘管離開了內地，但愛國傳承卻從未中斷，「在這種環境下，我不會覺得『國家』很陌生，我清晰地知道自己是中國人，也很愛自己的國家。」

中學畢業後，劉佩玉在香港城市大學就讀副學士，其後升學至香港浸會大學環境與化學專業。然而天有不測風雲，在劉佩玉父母用盡他們大半生積蓄經營餐廳的生意失敗後，家庭經濟頓時陷入困境，之後父親生病了。這個打擊令原本就不富裕的家庭雪上加霜，家庭生活的重擔一下子壓在了劉佩玉身上。劉佩玉之下還有妹妹和弟弟，為了分擔母親的擔子，輟學成了她唯一的選擇，她無奈放棄來之不易的大學讀書機會，毅然尋找工作，以幫補家用。

扎根社區，無悔青春

2006年的劉佩玉處於人生中最迷惘時刻，因為沒有經驗、沒有學歷就要開始找工作了。恰好民建聯深水埗支部正在招聘社區幹事，「支部主席、也是當時南昌中的區議員張文韜，正在就一個大廈維修計劃，招聘社區幹事。」劉佩玉自幼性格外向，對義工活動充滿興趣，在香島中學就讀時期就積極參加學校的義工團，並擔任團長。這份社區幹事的工作，於她再合適不過。

「當時也沒有特別的原因。只是希望在幫補家計的同時，可以做到一些服務他人的工作。」當時的劉佩玉年輕，敢拼，對於政團了解不

深，單純想著社區服務既是工作，又幫到與自己同樣是基層的市民。「找工作的時候，有稍微了解過民建聯的背景。」劉佩玉知道，民建聯是一個扎根社區、服務基層、愛國愛港的政團，與自己理念相近。她決定應徵試試看。

幸運地，2006年6月1日，劉佩玉順利加入了民建聯深水埗支部，成為一名職員，這是她的第一份工作，就此開啟了新的人生篇章。

「張文韜是我的恩師。」剛剛入職的劉佩玉，是一個懵懵懂懂的新人，用她的話說，「有一腔熱忱的心，但很多事都不知道怎麼去做。」如何與街坊溝通，如何解決市民的難題，對她來說皆是一個又一個的問號。

「但幸好我的師傅，以及民建聯的同事們，大家都很願意教我。他們教我該以什麼樣的態度對待街坊，該如何傾聽市民意見，應當如何處理市民的投訴……」

如今的劉佩玉與民建聯共同成長了16載，回首來時的路，一路崎嶇早已繁花盛開。是師傅與前輩們領著她，儘管步伐趔趄卻不失堅定，一步一步，慢慢前行。

劉佩玉對地區服務愈來愈投入，她專注做好每一個求助個案的工作態度，漸漸地得到很多街坊的讚許，她逐漸自信了起來。她所服務的深水埗南昌中區，屬於深水埗最基層的選區，區內有近250幢的單幢式樓宇，大部分是劏房。

同為基層出身的劉佩玉，深知基層之痛，亦感受到透過民建聯能幫助弱勢市民的滿足感和使命感。「我不會因為你處於什麼樣的環境，就帶有色眼鏡去看你。我一直認為我們服務市民應當有換位的思維，你要明白街坊面對的困難，需要有同理心。」

劉佩玉如同地區百態的聆聽者,「有些街坊可能會用很長的時間將他心中的感受表達出來,我都願意去聽。」情感的聯結是雙向的,街坊感受到了劉佩玉的誠意,也同樣付出了自己的信任。「我能在這個工作崗位上,幫助有需要的市民,我已經感到很開心。」

不棄微末,久久為功

2007年,區議會選舉開始前兩個月。張文韜與劉佩玉聊天時問她,「以你的分析,如果讓妳選擇一個區參選,你會選擇哪個區?」劉佩玉感到奇怪,但還是開玩笑道,「如果以區情的熟悉程度而言,沒有哪個區熟悉過南昌中。」後來劉佩玉才知道,張文韜即將進入政府的政治問責團隊服務更多市民,他希望將民建聯辛苦打下的南昌中選區交棒給一個值得託付的人,這個人就是她。

「一開始只是想著幫張生做好社區,從沒有想過參選。」劉佩玉從未想過自己會走上從政的道路,而南昌中作為當時深水埗為數不多的民建聯選區,是師傅張文韜,是民建聯的兄弟姐妹一步一腳印打出來的。「他願意信任我,將建制陣營辛苦打下來的南昌中交給我,我一直很感恩。我一定要接好這一棒,守住這一席。」

當時南昌中選區競爭激烈,對手是在當區盤根十幾年的民協老將,實力強勁,大家都覺民建聯會在這個選區派張文韜繼續參選。劉佩玉在對手眼中不過是輔佐張文韜的一個小小助理,完全不放在眼裡。如若對手早知道民建聯會派出一個新面孔,而且是一個乳臭未乾的小妹妹,或許競選佈局、策略將大有變化,「張先生和為數不多的核心助選人將我要參選的消息瞞得密不透風,一開始連支部的同事都不知道我要參選。」

2007年10月15日，區議會選舉提名期截止的最後一日，民建聯深水埗支部的同事打開競選海報那一刻才知道是劉佩玉參選。「當時民政處人員一打開報名表，看到報名人上寫著劉佩玉，立刻起身跑出去跟同事說，喂！不是張文韜參選！」

這正是劉佩玉及民建聯幕後競選團隊精心策劃的選舉戰術，防止對手早有準備，調換新人選來競選，「我們在報名最後一日的最後一刻去報名，就是為了使對手措手不及。」對手就算這時知道，想要改變人選，也早已來不及。

劉佩玉正式從抬橋的小妹妹走向坐橋的主角，僅僅一年多時間。過去她一直幫張文韜做好地區工作，支援舊樓法團事務，現在則是自己參選，一切都很新鮮，「過去我幫張生弄好街站的台子，替他調整麥克風，但如今我要負責『嗌咪』。」

劉佩玉清晰記得，人生中開設的第一個街站，是在深水埗地鐵站A2出口反對港鐵加價。知她年輕，資歷尚淺，張文韜與民建聯的團隊

提前做了充足的準備。劉佩玉亦深知自己有很多不足，必須將勤補拙，出街前做足功課。「每一個嗌咪的內容都有提前寫好講稿，和團隊先研究好街坊可能會查詢的問題，如何應對。然後自己反覆讀，反覆練習，希望見到街坊不會那麼慌。」

但就算做了多少準備，真正面對著步履匆匆的行人，聽見自己的聲音在街上迴響的那一刻，劉佩玉拿著麥克風的手仍不停地微抖著。她努力表現鎮定，說出反對港鐵加價的競選觀點，「儘管很多都是日常見慣見熟的街坊，但當下真的是手騰腳震，已經不記得自己說了什麼，但那種心情到現在都難以忘記。不知道每個議幹的第一次，是否與我一樣？」

要在短短的一個月內，讓南昌中的街坊認識劉佩玉、信任劉佩玉、將手中珍貴的選票交給劉佩玉，是一項艱鉅的任務，她和團隊費盡心思，做了大量工作。

「我們選區都是舊樓，單幢式的，我們一幢一幢去拜訪。張生也帶著我，去拜訪他在地區的每一個朋友。」當年她是一個27歲的「嗌妹」，每天晨操晚練，由早到晚遊走社區拉票，除了食飯，幾乎所有時間都在街站見街坊。因為劉佩玉知道，她比任何一個候選人的起跑來得遲，知名度極低，時日無多，她必須比對手勤力一百倍，一千倍，只有讓選民看得見，白天開街站，晚上去「洗樓」，才能讓選民感受到她的誠意，和服務社區的熱誠。日復一日，劉佩玉逐漸成為街坊人人熟悉的、平易近人、親力親為、值得信賴的劉佩玉。「是民建聯的信念支撐著我，在面對街坊的時候，我代表的不僅是劉佩玉，更重要是代表民建聯的招牌，真誠為香港。」

2007年11月19日，第一次參選的劉佩玉獲得1197票，以185票之差打敗民協的對手，成功當選南昌中區議員，從張文韜手中順利接棒。而2008年，公佈首批政治委任名單，張文韜榜上有名，出任發展

局的政治助理。少了恩師在旁嚴厲督導，基層社區就成為她成長最好的課堂，實踐是其最好的教材，而群眾就是最好的老師。劉佩玉深深明白到，只有不忘初心，真正走入群眾，聆聽民意，真誠服務，市民的眼睛是雪亮的，會得到支持的。

之後的2011、2015年區議會選舉，劉佩玉均以大比數勝出，成功連任。她認為，是民建聯多年深耕社區的堅實基礎，以及自己「細心聆聽，用心服務」的行動理念，使她能夠贏得民心。

劉佩玉認真對待街坊的每一件小事，真正做到了為市民排憂解難。

南昌中選區內居住著許多長者，曾有位中風的女士，行動不便需要坐輪椅。但她居住的唐樓，需要到二樓才能乘坐電梯，對她出入帶來極大不便。就是這麼一個小個案，劉佩玉找到法團代表，討論良久，才爭取到一個斜斜的木板。不僅如此，劉佩玉為該女士以後出入更方便、居住更舒適，她又幫助這位女士成功申請了公屋。「憑藉區議員這個角色，可以幫到她安享晚年，應該是所有做地區工作者的欣慰。」

2019年的區議會選舉，正值香港經歷前所未有的「黑暴」時期，扎根基層十數年的劉佩玉也不免擔心，「那麼大的政治風暴，支持者會不會不敢出來投票？開街站如果受到衝擊，如何應對？」劉佩玉最關心的，是如何保護民建聯的同事以及義工們，「這是一個很大的責任。」

　　在劉佩玉的選區內，衝突特別多，夜晚常有黑衣人在深水埗警署鬧事，整個社會氣氛降至冰點。劉佩玉的辦事處位於私人樓宇樓上，幸而未遭衝擊。但她經常收到一些奇怪的恐嚇信件，想迫使她退縮，但她從不畏懼。她和女兒的畢業合影被貼在附近的行人隧道裡。對她來說，這是生命受到威脅的恐怖回憶。

　　但她撐住了。她以十幾年風雨未變的初心為燈，此夜仍深，但明燈盞盞，有民建聯的兄弟姐妹們，有信念相同、相守相依的愛國者。劉佩玉從未退縮，堅持為街坊走在最前線，哪怕遭到威嚇、衝擊，「每次黑衣人衝擊深水埗警署的時候、堵路的時候，每一次突發情況，不論多晚，我們都會堅持發電話錄音、上樓通知街坊，陪伴街坊走過黑暗的日子。」

　　最終劉佩玉打動了街坊，結果她以1640票險勝空降對手的1538票，守住了議席，成為這一年深水埗區議會僅餘的兩名建制派深水埗區議員之一。

　　她經歷風雨，而長才幹、壯筋骨，亦練就擔當作為的硬脊梁、鐵肩膀、真本事。如今國安法實施以來，「攬炒派」區議員紛紛潛逃海外或辭職，議會氛圍逐漸平和，劉佩玉也不禁感慨，「國安法是中央送給香港的一個禮物。」

　　原本劉佩玉已經報名參選2020年立法會選舉中區議會（一）的功能界別，但由於選舉押後舉行，而在完善選舉制度後該界別已不復存在，最終「冇得選」。劉佩玉知道，即使有得選，在當時幾乎所有區議會議席被「攬炒派」操控的環境下，她也是必輸的，因為該界別需要

所有區議員投票,而當時「攬炒派」在區議會佔絕大多數。「這是香港的一個黑暗時代的結束,雖然最終無得選有點可惜,但也是一個很好的體會。民建聯是我的家,他需要我的時候,我會義無反顧的。」

地區服務,初心不變

加入民建聯16年以來,劉佩玉將青春都奉獻在民建聯這個家,默默地在地區深耕細作。剛加入民建聯的時候,她對民建聯所知甚少,16年過去了,市民對民建聯的認識度、認同感提高了很多。而民建聯「實事求是,為你做事」這份心和宗旨,一如她加入時的那樣,從未改變過。

今年是民建聯成立三十周年,劉佩玉希望同民建聯一齊繼續努力為香港市民服務,在民生事情上多下功夫。「過去蹉跎的日子太多了,青春都浪費了,現在應該快馬加鞭為香港做好更多的實事。」

劉佩玉深刻感受到，想要做好一宗個案，只要盡心去做是可以做成的，但要做一件大事，使香港人普遍受惠，則需要政府、社會各界上下一心共同努力。「一些對香港好、對市民好的事情，就算需要長期努力，我也會一直堅持下去。」

　　對地區工作的堅持，離不開家人的支持。劉佩玉感謝家人的支持和包容，特別是丈夫為家庭的付出。現在，劉佩玉除了繼續堅守服務市民的崗位，與民建聯同行之外，她還有兩個心願：「我希望有多點時間陪伴兩個女兒，這些年陪伴她們的時間太少了，虧欠了她們。另外，在香港由治及興的新時代下，我希望繼續提升自己，更好地服務市民。」或許，在不久的將來，你會看到另外一個劉佩玉。

27 劉國勳

三度請纓
長路留痕

▶ 民建聯

掃描二維碼觀看訪談

初生牛犢不畏虎——套用在劉國勳身上，應該算是頗為貼切的。

因為他總是「勇」字當頭，衝在前面：

為支持愛國愛港的政黨，在學生時期主動加入民建聯；

2003年建制派士氣低迷時，主動請纓參加區議會選舉；

2012年特首選舉初期，在民建聯還沒有表態的情況下，他又主動「跳」了出來，支持梁振英⋯⋯

2021年提出議案發展新界北，並發表了新界北香港新中心的倡議書；

多年以來，劉國勳都明白，自己的行事作風並非人人認同，但他從未後悔過自己所走的每一步。

他曾經是民建聯最年輕的地區選舉候選人，曾經是民建聯地區選舉最高票當選者、全港最高票當選者，也曾經是區議會歷史上最高票落敗者。

這一切，他感恩民建聯。

「這一些經歷，不論是開心或者不開心，都留下了痕跡。」

當年的經歷，說好聽一點就是「勇」，負面一點形容那就是「莽撞」。而今還會像當年那樣，在黨還沒有表態的情況下，第一個出面支持梁振英嗎？「我從不後悔那樣做。但或許我會多一重考慮吧，特別是黨的角度。」

畢竟，歲月就是一種歷練，身份角色也不同了，現在是民建聯常委、立法會議員，劉國勳變得成熟了。

一請纓：我只是個支持球會的球迷

劉國勳出生在荔枝角唐樓裡的一個基層家庭，儘管年紀尚幼，但在唐樓狹小房間裡度過的那些蹣跚學步的幼兒時光，卻令他難以忘記。幼稚園高班時，家裡分派到了公屋，搬到粉嶺居住，劉國勳從此一直生活在北區。

他的父親是一名傢俬師傅，儘管對國家認同，但為了生計而奔波，少有教育孩子如何愛國。而劉國勳自幼就酷愛中國歷史，課餘時玩遊戲也多涉獵三國等歷史題材。從歷史中他無師自通，他綜覽古今，看見了歷朝歷代的功過得失，看見了中華民族近代史的榮辱興衰，「我對國家、民族的認同感，大抵就是中學讀書的時候出現的。」

劉國勳於城市大學就讀公共行政時，一個叫做Introduction of Society 的科目激發了他對於社會議題的興趣。「這個課教我用不同的觀點看社會議題，分析一些社會行為。」在完成課堂任務的同時，劉國勳亦開始思考社會問題，從政之路緩緩鋪展開來。

2002年，21歲的劉國勳尚未大學畢業，為了做一個以「港人北上消費對北區影響」的專題報告，他走訪了諸多北區議員、商會，民建聯的議員侯金林亦是他訪問對象之一。在這個過程中，劉國勳對民建聯有了了解，主動告訴侯金林希望加入民建聯。

這在當時顯得相當另類：劉國勳如此年輕，而且從未參加過民建聯的任何活動、培訓，卻主動要求加入民建聯。實際上，劉國勳並未考慮這麼多，他只是希望能在香港回歸後加入一個愛國的團體或政團，用行動支持自己的愛國理念。

「其實我的動機比較單純，我只是像入了一個球迷會一樣加入了民建聯。就算不做什麼，加入會員也是一種無聲的支持。」

侯金林約這位學生與幾位民建聯北區負責人見面詳談後，愛國「粉絲」劉國勳正式加入了民建聯。

二請纓：主動請戰區議會

2002年，劉國勳大學畢業。初出校園的他本想考港人推崇的公務員。但2003年香港經歷了SARS後的經濟低迷，政府於同年4月全面暫停招聘公務員。劉國勳笑道，「如果不是的話，我早就去考公務員了。」

劉國勳一邊尋找新的出路，一邊思考，自己本身是公共行政專業出身，對社會議題感興趣，又加入了政團，為何不試下服務社區呢？因此劉國勳開始嘗試到自己最熟悉的北區服務。

恰逢其時，2003年七一大遊行爆發，民眾不滿的矛頭指向了作為建制派的民建聯，許多原本希望參選區議會的建制派打了退堂鼓，而整個民建聯的士氣亦陷入低潮。也正是這時，劉國勳做了決定，我要出來參選！

「我原本無意參選，但看到此情此景（士氣低迷），我應當站出來。」

22歲的劉國勳再一次主動站了出來要求參選，更成為當時民建聯最年輕的參選人。當時距離選舉僅剩幾個月，而劉國勳的對手卻是在欣盛選區服務過一屆的現任議員劉德昌。面對如此強敵，劉國勳在短時間內發展了不少義工，並得到了街坊的支持與認同。

在2003年七一遊行效應下，地區選舉結果一如劉國勳所料，輸了，輸了280票。在參選前，劉國勳早已知道當時政治環境對建制派的

不友好和苛刻，對選舉結果早有心裡預期。事實上，這280票的差距不僅沒有打擊到劉國勳，反而鼓舞了他——一個在地區只服務了半年的黃毛小子，票數竟直追服務多年的老手。

「覺得這個結果是比我想象中更好的，在短期內見到自己能夠做一些成績出來，因此覺得是可以繼續努力的。」

在劉國勳落選後，許多街坊為他感到惋惜。「這讓我感覺很美妙，有些其實都不是認識很久的街坊，他們會因為我輸了而痛哭流涕。」劉國勳感受到了來自街坊的支持和期待，他決心繼續努力，不辜負這一份份心意。

落選後，劉國勳在地區加倍努力地工作，將居民交代的每件事完成得妥貼穩當，更貫徹了民建聯一貫的作風——用汗水澆灌社區，有時從週一到週日，日日擺街站。由於新界北距離中心市區較遠，距離火車站亦有點距離，居民通常需要很早出門，因此劉國勳便也6點多就出現在街站，有時一做便至深夜。

2007年，同樣的選區，同樣的勁敵，捲土重來的劉國勳在欣盛選區以4159票大獲全勝，更成為新界區的票王。其後，2011年、2015年區議會選舉，劉國勳依舊高票連任，直至2019年香港社會環境出現大變，他才在區議會選舉中高票落敗。

在地區服務20年，劉國勳有自己的堅持。面對一些吃力不討好的社會議題，或者一些難啃的全港性議題，只要他認為長遠而言對市民有益，哪怕短期內難以得到大家的支持和認同，他也願意做溝通的橋樑，持續地推動落實。

以全港性的骨灰龕位短缺問題為例，市民都知道問題的存在，但要將其選址放在自己區域，一般市民也難以接受。但劉國勳仍不斷地協調居民跟政府部門，幫助居民爭取到一些有利於地區權益的同時，令骨灰龕位擴建的工程可以成功推動。

「不論是骨灰也好，巴士改線也好，我認為作為一個地區工作者，作為區議會的議員，應當有一個理念。」

劉國勳很慶幸，自己能夠在這幾樣重要的議題中擔起責任，協調多方，在迷局中找到出路。

而作為北區區議會的議員，劉國勳除了處理一些日常問題，更要解決雙非、水貨客、跨境學童等在北區頻繁出現的議題。

「我覺得在北區做地區工作一年抵得上別人做幾年。單是跨境學童這一議題，每一次開學，就有成百上千的個案來尋求我們的幫助。」

　　這也使得劉國勳特別關注相關議題的政策倡議。他希望不僅能夠處理好自己選區內的個案，更要從根源處出發，形成有針對性的路線規劃，從而解決問題。

　　另外，劉國勳一直關注新界北的發展，他發現了新界北作為本港和內地連接的重要紐帶，具有特殊性。劉國勳回憶自己讀書時，社會都在討論北上消費，當時的香港市民經常北上內地，一到週末北區沒有什麼人，都到內地去了。但隨著政策的轉變，一簽多行開始實施，雙非、水貨客等問題開始浮現，內地市民反而湧向了北區。

　　劉國勳親身感受到了新界北從一個極端到另一個極端的演變，也清晰的感受到香港市民同內地關係的變化、矛盾的形成。

　　因此，劉國勳覺得應當把握新界北的特殊性，善用廣袤的土地，推動發展的同時亦能解決困擾香港多年的房屋問題。他從區議會開始提出新界北的發展計劃，一直跟進到立法會。在地區歷練多年，他對土地政策、規劃爛熟於心，對政策的研究分析亦有自己的得著。

2021年3月8日，劉國勳發表了《新界北建設香港新中心倡議書》，其中詳細規劃了新界北部的六大發展區域，與中環構建「雙中心一走廊」的格局。這一份倡議書得到了專業機構和政府團隊的認同，關於發展北區的倡議也令特區政府接受，並在同年10月份的施政報告中提出了《北部都會區發展策略》。

　　劉國勳自豪道，從研判到寫這份倡議，到印製這本倡議書，都是自己跟辦公室的團隊，一步一個腳印做出來的。

三請纓：身陷站隊風波

　　「我主動請纓加入民建聯，主動請纓參選區議會，也主動請纓幫CY（梁振英）。」

　　2012年的特首選舉，在民建聯未曾表態的情況下，劉國勳一馬當先高調支持梁振英。他主動請纓，加入了梁振英的助選團，多次陪同梁振英落區造勢，媒體常在報道中稱其為「梁粉」。

　　對於劉國勳而言，未經過總部同意就自行站隊，也是一次風波。雖然黨內未至於嚴重批評，但也提醒他注意。而他自己也做好了最壞的打算，「大不了我去專心做區議員，繼續服務我的街坊。」

　　當年特首選舉初期，香港社會輿論偏向於看好另一位候選人唐英年。劉國勳甚至幻想過，最終的結果可能是另一位候選人上台，而自己可能會因之前的言論受到針對，政途就此中止。

　　「當時我知道CY宣佈參選，我就主動安排了幾十個青年人去站台。」一開始劉國勳並未想如此高調，而是在幕後支持。但後來他愈

走愈前，對梁振英的人口政策、新界發展規劃方面，他提出了諸多意見。甚至梁振英第一次落區做政綱諮詢，就安排在北區，劉國勳亦陪同前往。

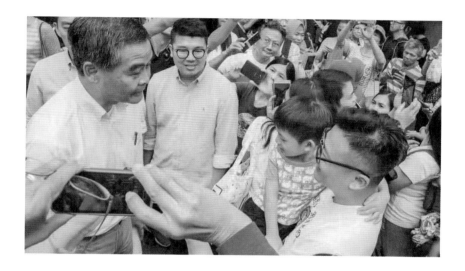

而劉國勳的公開支持，令黨內一些原本不準備公開站隊的年輕的兄弟姐妹，也一齊站了出來。劉國勳就成為聯絡來自新界社團聯會、民建聯的支持者的中間橋樑。

劉國勳理解，自己的角色如今同往日早已大有不同。「一名區議員和一名立法會議員出來行動、表達，對黨的影響也不同。」如果現在的自己面對同樣的處境，要考慮的肯定會多一些。

但至少已經嘗試過了。

民建聯應以選特首為目標

加入民建聯20年來，劉國勳覺得民建聯規模變大了，但更多的是不變，對年輕人的栽培不變，依然堅持給年輕人機會和發展空間。同時，民建聯走得更前了，不論是地區服務還是政策倡議等都愈做愈好。

而劉國勳個人的20年間，從一個普通會員到區議員、副發言人、中委、常委、立法會議員，其成長可謂相當巨大。他感恩民建聯給予自己很多發展機會，儘管有時自己走得較前，但民建聯都能夠包容。這令他可以在地區服務、政策方面都能有所發揮。

「不論是新界北發展、支持CY參選、立法會區一選舉，我都留下了自己的足跡。」

談起如何形容民建聯，劉國勳靦腆地撓了撓耳朵，「這些是我最不擅長表達的。」但他卻仍很快表示，儘管民建聯表面上給許多人的感覺是十分保守，但他認為，民建聯實際上是很願意接納年輕人，很願意做出新嘗試的一個十分開放、包容的政團。

展望將來，劉國勳笑言：「民建聯之後要選特首了。」他說，民建聯作為一個政團，為港為國培養了諸多優秀人才，之後更需要以選特首為目標進行人才培養。而身為民建聯的一員，劉國勳亦自覺要不斷提升自己，在不同層次為香港建言，由區議員晉身立法會，地區事務不可忽視，但同時要擴闊視野，做好政策倡議，對香港宏觀的規劃發展，提出建議，如推動北部都會區計劃，為香港未來謀發展，與內地融合。劉國勳希望繼續提出更多倡議，獲政府接納，同時得到市民支持。

28 顏汶羽

時代畫卷，
試看青年揮墨

▶ 民建聯

掃描二維碼觀看訪談

那是一個夏天，民建聯在嶺南大學擺設攤檔，為學生提供暑期實習計劃。一位路過的社會科學系大二學生好奇地佇足停留，然後他就報了名。

那是2007年。

斗轉星移，14載匆匆過去，那位佇足的大二學生當時斷然不會想到，今天已經成為了立法會議員。自2011年成為當屆最年輕的區議員後，他又經歷了2015年、2019年的區議會選舉，以及2021年的立法會選舉，每一次都擊敗對手勝出。

他是顏汶羽，民建聯選舉的「常勝將軍」。

「都是靠大家的支持而已，哈哈。街坊的信任是根本的原因。」顏汶羽如是說。他內心知道，多次勝選守住的是民建聯前輩打下的江山。

顏汶羽中學本修讀經濟，而進入大學後對政策研究產生了濃厚的興趣。就是那個2007年的暑假，顏汶羽接觸並了解了民建聯，他除了在陳鑑林議員辦事處實習外，同時亦幫當時要參選區議會的陳百里做助選工作。

實習計劃結束後，顏汶羽開始思考自己未來的道路，自己研讀政策制定，是否要參政議政？一個好的政策研究，應當由上而下還是下而上？抱著這些疑惑，顏汶羽留在陳鑑林辦事處，同時他還在香港政策研究所實習。經歷了這兩份工作之後，顏汶羽心中也有了答案，「我想要參與政策的制定。公共政策的制定應當由下至上地進行。」他發現，如果由上而下制定政策，即使設定得再好，落地後解決不到市民的實際問題，都是徒勞無功。

　　空想容易，決斷容易，但真正要將空想與決斷變成現實，卻無比艱難。顏汶羽希望，將自己所學到的知識，用自己微弱的力量，憑藉著青年人無畏的膽氣，去影響香港的政策制定。他決心走上從政之路，從地區工作開始，親身試驗自己由下而上的政策觀點。

　　嶺南大學的李彭廣教授建議他，「如果你真的想通過你所學的知識去影響香港的一些政策制定，那你當然要加入建制派政團。」反對派跟政府缺乏正向、積極的溝通，更遑論通過反對派實現政策理想，而建制派通過遊說政府，才能將政策倡議變成一個真的政策。在2008年，顏汶羽選擇加入了建制派政團中政策研究投入最大的民建聯，邁出了他參政議政的第一步。

以雙向奔赴縮小地區鴻溝

　　顏汶羽在觀塘出生，又在觀塘長大，大學還沒畢業就已經入行，就連工作都未曾離開此地。他與觀塘緊密相連，密不可分。2008年，

他的師傅陳鑑林推薦顏汶羽成為觀塘區議會的增選委員，他開始接觸區議會的工作。大學畢業後，他擔任陳鑑林的議員助理，同時進修公共政策及管理碩士課程。在這期間，陳鑑林對他說，「你不如找個區服務試試看，做一些地區工作。」

顏汶羽毫不猶豫地選擇了觀塘佐敦谷，當時社區工作對他而言已經是駕輕就熟了。「在做議員之前，我跟在陳鑑林身邊學習了4年，該做什麼都有涉獵，很多義工、地區工作、議題跟進，是過去就一直在做的事情。」而這個區亦是原先陳鑑林的選區，有一定基礎。不僅如此，顏汶羽從小在這裏成長，街坊對他十分熟悉而信任。

2011年，25歲的顏汶羽參選觀塘佐敦谷選區，一舉獲勝，並成為當年最年輕的當選人。

顏汶羽認為，這都歸功於同街坊的「心連心」。「街市裡面的人看著我從小長大，在我還不懂說話的時候，阿媽已經抱著我在街市裡走動。」人情關係給顏汶羽地區工作的展開帶來很大幫助，街坊們夠膽信任他，願意跟他傾訴。

「我落區工作的時候22、23歲，當選的時候也不過25歲。當時好多人都會質疑，你這麼年輕，行不行啊。一方面大家信任陳鑑林，另一方面街坊看著我長大，信任我，同時我也明白他們所面對的困難。」

令顏汶羽特別印象深刻的一次地區服務，是在2017年。一日收工後，顏汶羽瀏覽手機時，街坊圈內一張走失老人的照片突然映入他眼簾，「怎麼這麼面熟？」顏汶羽想起這位老人在兩週前曾和他的老婆一起來過辦事處，申請老人院床位。於是他WhatsApp聯繫這位老伯的子女，子女表示老伯於早上不見了，且老伯患有認知障礙症，身無分文，僅帶走了一部手機和家中鑰匙。當時已是夜晚10點多，但顏汶羽仍起身前往老伯走失的地點，發動義工與保安，四處奔波搜尋，惟無所獲。

第二天，老伯的家人報警。顏汶羽繼續翻查附近的閉路電視，竟都找不到老伯的身影。義工團隊也未放棄尋找，社區依山而建，義工擔心老人不慎失足，就連山坡都找遍。仍是一無所獲。將近快一週後，有人致電老伯的子女，「有長得很像你老豆的人在柴灣地鐵站被人發現，目前已送到東區醫院，麻煩你過來看一下。」顏汶羽亦趕緊前往東區醫院，而認知障礙的老伯竟一眼認出了他，「顏生，你也在這啊。」顏汶羽問老伯，「是呀，阿伯你這個禮拜去了哪裡玩啊？」老伯說，「沒啊，我剛剛整牙。你看下多靚。」終於找到老人，心中大石亦隨之放下，而明明患有認知障礙的老伯，過去兩人也並不熟悉，竟然一直記得自己。這一幕，一直在顏汶羽心中遲遲難以忘懷。

家人趕到後，老婆婆執著顏汶羽的手，不住地落淚，「顏生，我還以為找不到他的了。多謝你幫我找回他。」憶及此景，哪怕已過去5年，顏汶羽仍難掩哽咽，「那是我人生中最受感動的一刻，我到此時仍能想起阿婆拉著我手的那一幕。」老伯如今已仙逝，阿婆還在當區的屋邨中居住。顏汶羽認為，這件事亦反映了很深沉的社會問題，兩位老人家排很久都未能排到安老院舍，婆婆被迫一把年紀了還要照顧認知障礙的老伯。至今也沒人知道，老伯失蹤的那一個禮拜吃在哪裡，住在哪裏。

「長者福利一直是我心裡的痛，這些故事每天都在發生。」政策的缺陷、不足，不僅僅是文書不夠全面，這一切反映在地區上就成為一個個心痛的故事和受苦的家庭。因此地區工作在顏汶羽心中不是為了選舉，他認為選舉只是一個為了更好服務地區的工具。不能本末倒置，地區街坊的幸福才是首要目標。街坊們全心全意地信任他，他亦以真心服務回報。

顏汶羽自2012年起連續三屆出任觀塘區議員，至今依然。即便在2019年民建聯地區選舉的至暗時刻，顏汶羽仍以134票擊敗對手，順

利連任，成為少數為民建聯守住議席的一位。這種高度信任的關係，在經歷社會事件的時候，使得顏汶羽的選區儘管有政見上的爭執，也未至於太惡劣。

回首2019年，顏汶羽有很多感觸與不解，「當時自己在想，社會的確有一些怨氣存在，大家都看得到的，而政府也確實有困難與局限。為什麼香港人要將香港搞成這樣？不管特區政府做得多差，一定要將香港打爛成這樣嗎？」他也不斷反思，「我一直認為官員與市民之間的平等對話，這很重要。」顏汶羽認為，一個好政策的順利推行，關鍵就在於如何跟市民「講」。他覺得建制派議員比起反對派議員更多一層責任：議員的職責是做一個橋樑，將市民心聲反映給政府外，進一步應當向市民解讀政府的政策以及政府面對的困難和局限。

顏汶羽在自己的地區服務中對此深有體會，「因為很多時候市民有一些誤解及怨氣正是源自於不理解。第一他不理解這個政策講什麼，第二他不理解為何政府做不到市民想做的事。」

顏汶羽說，政府一般會通過記者會、新聞稿、議會等一些官方場合去解讀政策，但未能像地區工作者一樣用更易懂的語言向居民解釋。而市民也缺乏好的渠道、方便的渠道將自己的意見傳遞給政府。

「政府官員是否可以做到好似議員一樣，每日落街站呢？如果市民每天在地鐵站都見到你的時候，怨氣一定沒有那麼大。政府一直以來就那麼幾招，叫人打1823、寄信，現在還可以在Facebook留言。市民怎麼會沒有怨氣，跟你表達訴求都不行。」

而這亦是顏汶羽10年的區議員生涯中一直在推動的。「作為一個區議員，我將市民心聲反映給政府，是向前邁出了一步；將政府政策解釋給市民聽，也是向前邁出了一步。各自向前一步，市民與政府之間溝通的鴻溝才會愈來愈小，市民對政府的了解、支持與諒解才會愈來愈多。」

完善選舉制度後，顏汶羽代表民建聯參選立法會九龍東地區直選，以逾64000票的成績當選，攀上政途的另一個高峰，成為民建聯的雙料議員之一。

高舉青年之火

現任執委的顏汶羽曾任兩屆、共4年的青年民建聯主席，2019年5月才卸任。香港青年議題一直以來都是他最關注的議題，他認為，與青年的平等對話是關鍵。

2015年，顏汶羽帶領青年民建聯籌備了「青年與知名人士聚會」活動。每次都邀請香港不同界別的名人擔任飯局嘉賓，有特區政府新聞統籌專員、有著名音樂人等。與約30名青年人一起打邊爐、一起跳舞、在酒樓吃飯。大家在談笑間增進了解，促進共識。名人分享自身

成功經驗的同時，青年人也表達了後浪觀點思潮。「沒有人想過還可以這樣的，原來通過民建聯這個平台我可以跟這些只在電視上看到的人溝通。」

　　而顏汶羽任職期間最主要的工作，就是帶領團隊撰寫了香港第一份青年政策建議書。「我們用了很長時間，通過不同的形式，諮詢不同背景階層的青年意見。包括我們進校園、大學去宣講，在街頭設置了幾十個街站，網絡調查、訪談，各種形式都用。」顏汶羽希望，能將這一份青年政策建議書作為民建聯未來量度政府青年政策的一把尺。

　　2017年，青年民建聯青年政策建議書正式發佈，廣受政府與媒體的關注。這份建議書主要涵蓋了青年學業、就業、住屋、參政、少數族裔青年及青年在內地生活五大範疇，每一篇章都進行了深入的研究探討。

　　「這個過程中跟很多不同背景的青年人聊天，好開心的，他們願意跟我們傾訴他們所面臨的困難。」顏汶羽仍記得，當時做香港青年在內地生活困難這一篇章時，他幾乎每個月會去廣州暨南大學，有幾千

名香港年輕人在此求學。「他們跟我們講了很多形形色色、古靈精怪的困難，我們都記錄了下來。我後來將這些反映給當時政制及內地事務局局長聶德權，他都是第一次聽到。」

顏汶羽認為，這一批在內地求學的青年人是最有優勢在內地發展的，經過大學4年的生活，他們完全知道內地的機遇何在。「假如我們能在一些政策的制定上方便他們，一定有很大幫助。」顏汶羽談起一個成功的案例，當時青年民建聯跟香港教育大學合辦了一個深圳交流活動，活動相當火爆，但最終只能帶一百多人去。「除了參觀學校之外，我們還開了一個教育廳的座談會。」在會上，有位香港學生提出了一個很重要的問題：香港學生在香港的大學畢業，且有教育文憑，如何在內地執業？

「這個問題很關鍵，以前香港市民不可以在內地執業的。而這些香港青年面臨兩大困難，第一他們沒辦法去內地工作，第二要在香港就業很難。」

顏汶羽從深圳回來後，通過進一步地調查研究，民建聯的兩會提問，以及聯合內地教育廳的推動，終於在2018年，內地廣東省先行推動兩地學歷互認，並放寬有教育文憑的香港市民可以在內地執業。「這正是青年政策倡議書中所提到的，也真正幫到香港青年人的一個較大的政策改變。」

2019年的反修例風波使社會的割裂愈加嚴重，青年問題再次成為焦點，香港部分青年對政府的誤解、抵觸、反對愈加深重。如何同青年對話，如何爭取青年，成了一個難題。

「我始終覺得，還是要平等對話。我很喜歡去大學跟年輕人傾談，不管什麼團體，我都願意傾聽。」顏汶羽在反修例風波期間，參與了許多青年論壇，「只要你請，我就一定到。」他始終認為，如果不出席，旁人未必得知民建聯觀點。

也正是平等對話的方針，令青年民建聯不斷壯大。「我那一屆是（民建聯）青年會員人數增長最快的一屆。在佔中後4年間，有1000多人加入青年民建聯。他們有的到辦事處，有的在Facebook上詢問。」這其中，有醫生，有老師，甚至有年僅14歲的少年。顏汶羽問他們為何想要加入民建聯，他們認為，佔中之後要為香港做點什麼。而在反修例風波期間，儘管反對派的一些政治人物在香港年輕人中具有相當的號召力，但顏汶羽算過一個數字，「當年所有反對派政黨的青年成員加起來，都沒有民建聯的多。」

顏汶羽一直以來都積極在媒體上發聲、呼籲，其間也受到許多同輩的嘲諷、起底、圍攻。他從不認為這是壓力，而是職責所在，「我從2008年開始就已經是民建聯副發言人，不發言做什麼發言人？我自己有一套從政理念，如果我想要人支持我，我怎能閉口不言？」

哪怕他人圍攻，哪怕萬人要將火熄滅，而我一人獨將此火高高舉起。顏汶羽就是這樣的一個人。

政策研究上多下工夫

今年是民建聯成立三十周年，加入民建聯14年來，顏汶羽和民建聯一起經歷了無數的風雨，「常勝將軍」也在今年一月正式成為立法會議員。他認為，民建聯工作模式或有改變，但30年來初心未變。「民建聯一路走來都是這樣，這也是我為什麼要加入。我都覺得不需要有很大變化，服務市民這一樣也不能變。」

顏汶羽說，民建聯未來在政策水平的提升方面仍要做多點功夫。「現在議員裏大部分都是行業專家，我們在政策的專業度方面也要相應提升。」他清楚民建聯扎根社區的政團定位，這亦是民建聯提升自身政策倡議水平的優勢所在，但他坦言「我們議員自己的質素都要提高。」

29 譚肇卓

敢言中生代

▶ 民建聯

掃描二維碼觀看訪談

有這樣的一個畫面：一個溫泉池裡，兩個男人「半裸」相對。「你有沒有興趣從政？」、「做服務社區怎麼樣？」畫面裡的兩個主角，一個是陳鑑林，另一個叫譚肇卓。

這一次的交心，談政治，也談人生，時年25歲的譚肇卓是有所觸動的，自己的上司這樣沒有架子，跟一個算不上深交的職員無所不談，還要打算在政途扶持自己，這是一個什麼樣的機遇！

就是這次「溫泉會談」，譚肇卓決定了自己未來要走的路——加入民建聯做地區工作。轉眼14年過去，「溫泉會談」的一幕時而在腦海浮現，現在的他已經兩次連任區議員，即使在環境惡劣的2019年選舉，他也成為民建聯為數不多的當選者之一。

沒錯，就如他自己所說，他是民建聯的「異數」，除了「出身」外，看法亦然。「我就是屬於做地區工作的人，不是做立法會議員的。不是所有做地區的都想成為立法會議員。」

作為40歲不到的中生代，敢言就像是他的表徵符號：他質問民建聯為何沒有舉行路向營，他也擔心民建聯的未來發展……但每一句話的背後，又著實充滿了對民建聯的愛護、對領導層的期望。

「2003年我在民建聯做義工的時候，被人吐口水，但時隔16年後的2019年，我自己做地區工作，依然被人指著用粗口罵，歷史為什麼會這樣的重演？建制派根本就沒有吸取教訓。」譚肇卓體會到的是一種扎心的痛。

大學前從未踏足內地

「我是一個土生土長的香港人，普通話都不會講的，大學的時候才學拼音。」譚肇卓是個典型的香港仔，中學就讀於屯門順德聯誼總會

梁銶琚中學，並非什麼傳統愛國學校。2003年，譚肇卓入讀香港樹仁大學新聞與傳播學系，與後來成為公民黨創黨黨員的余冠威一同參與學生會活動，「那個時候，很多年輕人對國家的認識等於零。」

大學畢業後，譚肇卓到香港浸會大學繼續研讀公共行政管理碩士，與民主黨的甘乃威同屆同班，甚至同組做同一個project，「我印象很深刻，有兩份功課他甚至都沒出現，我們小組幫他完成的。」而當時的導師，更是公民黨的陳家洛。「我讀書的時候其實完全不懂建制派。哈哈，我是民建聯的異數。」

歷史的發展總有出人意料的時刻。大學畢業前從未回過內地，沒有讀過任何傳統愛國學校，身邊的同學、老師更是民主派人士，這樣的環境中成長，譚肇卓現在卻是建制派中的一員悍將。

參天之木，必有其根，譚肇卓的父母都是公務員，父親是一名警察。外公是工聯會的會員，在譚肇卓十八九歲時，媽媽帶他去互助委員會做秘書，因此儘管屬於典型的「香港青年」，譚肇卓也有參與地區工作。

2003年，香港爆發七一遊行，當年的區議會選舉對民建聯而言是一場十分艱苦的戰役。「我當時讀大學一年班，都有幫民建聯屯門兆翠選區的余秀瓊做義工。」

譚肇卓至今仍記得，當時只是幫忙在街站做義工的自己，都甚至遭到激情的市民吐口水，「為什麼我落區幫忙而已，都要被人這樣對待？」

溫泉之旅，改變一生

2007年，譚肇卓畢業後，沒有做記者，出於對社會時事的關注，申請了立法會議員助理、工聯會、民建聯等工作，當時劉慧卿第一個聘請了他做議員助理，但他只做了3、4個月時間。「因為經過接觸後，對於他們的理念始終不太認同。」

恰逢這時，理念更相近的民建聯支部向譚肇卓遞來橄欖枝，同年，譚肇卓加入民建聯觀塘支部，擔任陳鑑林立法會議員助理。「當時只是想找工作，完全不認識陳鑑林，實際上對從政這個詞也完全沒有概念。我們那一代，好似政黨人物當中只認識陳婉嫻。」

而譚肇卓真正加入民建聯，就是源於前面提及的那次「溫泉會談」。

2008年，辦事處的一次內地旅行團，陳鑑林與陳百里領著一班助理、義工到廣東河源泡溫泉。譚肇卓與陳鑑林泡在溫泉中，兩人都光裸著上半身，坦誠相見，陳鑑林問道，「阿卓，你有沒有興趣從政？做服務社區怎麼樣？」兩人又在溫泉池中聊了許多關於服務社區、關於個人的事。

就是這一次的「赤裸相對」，決定了譚肇卓今後的發展路向。他決定加入民建聯，開始地區工作，並準備參與區議會選舉。

「我對於建制派的全部印象都來自於陳鑑林，很坦白講，當時如果不是陳鑑林的溫泉之旅，我是打算去民建聯屯門支部工作的。因為我住屯門，屯門支部也剛好需要人。」因為這次談話、因為陳鑑林的原因，譚肇卓選擇了繼續留在觀塘。

2008年，觀塘雙彩選區尚未設立，但譚肇卓已經在此開展地區服務。儘管沒有區議員的名份，卻一直服務街坊。「我是讀新聞出身，因此一直有發掘社會問題的個人抱負。用新聞寫出來是一種方法，但在地區做工作對我而言是另一種方法。」

他仍記得最開始做社區幹事的時候，要向有需要的街坊派發物資、探訪他們。儘管彩德邨與彩盈邨屬於新屋邨，但每層樓都有單人長者戶，許多居住於此的長者生活艱難，依靠綜援維生。

一次，譚肇卓去探訪一戶長者，打開屋門，只見屋裡佈滿了舊式晾衣架。經過詢問才知，老人家中貧窮，他撿這些晾衣架，目的是將外面薄薄的一層塑膠剝掉後，收集裏面的鐵絲去賣。

「當時知道有老人收垃圾去賣，但第一次知道有人專門收集晾衣架裡的那根鐵枝。」譚肇卓被眼前的景象深深的震撼了，亦深切體會到地區服務不僅是一份工作，對有需要的街坊而言更是改善生活、改變貧窮的希望。

2011年，選管會在觀塘設立雙彩選區，譚肇卓深耕數年的彩德邨及彩盈邨亦在其中。「機會來了！」多年的潛心服務，令譚肇卓對於是次選舉勝券在握，「當時心裡覺得，終於熬到有個區議員可以選了。」

第一次參選區議會，對手一個是民主黨的、一個是社民連的，譚肇卓在沒有任何壓力下，得到1814票，大比數擊敗對手，成功當選區議員。由於地區工作得到肯定，2015年的區議會選舉更是在沒有對手競爭下自動當選。

十六年後，重蹈覆轍

2019年，區議會選舉正值香港反修例風波，巨浪湧起，建制派成員面臨著艱難的政治環境。「我對自己的選區一直以來很有信心，因此過往的選舉，我也會去幫民建聯其他的兄弟們，有七、八個選區。」

但這一年，由於雙彩選區內人口持續增加，選舉管理委員會決定將彩盈邨劃入啟業區，雙彩更名為彩德。譚肇卓突然失去了服務多年的彩盈邨的選票。「當時的心態比往年差點，我對自己有信心，我數夠2800票就穩贏的。但我沒辦法再幫兄弟選舉，之前是有餘力再幫兄弟。」

這一年，譚肇卓改變了競選策略，每天早上做街站與街坊溝通，在夜晚則是全力「洗樓」，避免與黑衣人的正面衝突。儘管如此，譚肇卓到食肆，也有年輕人會追著他罵。他用一種堪稱「心理變態」的自我調節方式寬慰自己，「他們愈鬧我就愈興奮，愈鬧代表我愈有機會贏。」當遭人圍住時，譚肇卓就會中氣十足的回應，「我會努力繼續服務你！你放心，我未來一定更加努力服務你們！」然後揚長而去。

2019年11月24日，譚肇卓以2882票成功當選彩德區區議員。票數與他自己預估的相差無幾，成功在意料之中。雖然贏了，但譚肇卓心情卻很沉重。這一夜，譚肇卓始終攥著部手機，等待其他選區的兄弟們的消息。

第一個兄弟回覆了，輸了。

第二個兄弟回覆，輸了。

有的兄弟不再回覆了。

手機的聊天列表裡，一排下來，皆是輸。

這一夜的記憶深深扎在譚肇卓的腦海裡，不斷刺痛著他的神經，譚肇卓輾轉反側，徹夜難眠。他覺得有很多兄弟很可惜，如果不是這樣的事情、這樣的環境，他們很可能會贏，他們在地區付出的汗水也應該贏。

譚肇卓不明白，為何這16年像是一個圈，兜兜轉轉，民建聯又走回了2003的原點。從2003年至2019年，16年，民建聯為何重蹈覆轍？

「2003年我剛剛加入民建聯的時候就被人吐口水，而如今在地區服務到第三屆了，還是被人罵。2003年選舉，民建聯輸剩下三分之一議席，這次輸剩九分之一！」

16年歲月帶來的竟然是苦難，這令譚肇卓逐漸清醒。2019年，是16年的循環怪圈，也是香港一個重大的政治轉捩點，如何反思，如何適應新時代的變化？譚肇卓提出了疑問。

　　「一隻手掌拍不響，不能只歸咎於『黑暴』，建制派也責無旁貸。」

三十而立，路在何方？

　　三十而立，四十不惑。民建聯成立30年，譚肇卓也即將邁向40歲。他認為，民建聯而立之年，是當反躬自問了：未來區議會選舉制度改革，民建聯路在何方？

　　譚肇卓認為，民建聯投入了大量的精力、財力培養黨內人才，要盡量留住這些培養多年的人才。他亦曾參加2008年民建聯第二屆政治人才培訓班，與李慧琼、徐英偉等一同到英國學習。「當時也剛剛工作不久，剛好民建聯給了我機會。」

過去30年，民建聯的定位一直很清晰，是以選舉為主導的建制派政團。不管是人才招攬、人才培養，所有的資源都是以選舉為目的傾斜。「我們的兄弟過往十幾年的工夫，搞得最多、做得最好的就是選民工作，搞戶口簿，搞街站，解決街坊個案。」

這是2003年後進入民建聯那批年輕人的真實寫照。

「過去許多人加入民建聯的目標十分明確，就是希望能通過民建聯，爭取到一個基礎深厚的選區進行選舉，實現個人的政治理想。」

但2019年後，譚肇卓看著身邊八、九成的兄弟落選，建制派失去地區議席，區議會淪為「黑暴」陣地。而後的全體區議員宣誓，區議員人數大減，未來區議會或迎來重大改革，甚至面臨無區可選的境地。區議會發展尚不明朗，而民建聯在立法會的發展空間又已幾乎到了盡頭。

譚肇卓身邊，許多兄弟們擔心未來選舉不再是導向，他們開始考慮，未來留在民建聯是否還能繼續參與地區選舉，是否還能實現個人抱負？譚肇卓形容，十幾年的心血被推翻，地區的兄弟們都有點「迷失」了。

「大家都很現實，謀求政治事業發展，希望能有更好發展平台。有些人在不理解的情況下，另謀高就，有的去其他地區社團了。他們都是服務了多年的社區幹事，大多都是我這個年齡的中生代。我有點心痛，我們的向心力去了哪裡？」

民建聯三十周年，譚肇卓覺得是時候進行一些反思了。前30年，民建聯是一個為選舉而生的政團；往後30年，民建聯的道路該如何走下去呢？在新選舉制度下，民建聯如何進行角色的轉變？

29
譚肇卓－敢言中生代

「身為一個政團，要有自己的政治論述，難道說在新的政治形勢下，就不需要了？民建聯應該有自己的一套完善的政治論述。就如同公司轉型，公司的職工也要接受相應的培訓。民建聯一定要給方向讓兄弟去改變、去適應。」

譚肇卓認為，作為跨階層的政團，民建聯可以考慮分兩層發展，一層是吸引社會賢達加入民建聯，然後以民建聯的名義加入政府，或者參選立法會，也就是向政府輸出管治人才。另一層則是在地區層面，構建地區服務網絡，提高專業服務水平，但這批人不以進入立法會為目標。

「就像我一樣，我不是選立法會的人，也從來沒有想過選立法會。我妹夫梁文廣已經是立法會議員了。」

人到半山不停步，船到中流當奮楫。如今民建聯發展進程正當半山腰、河中央，不能在此停下腳步。當熬過最陡峭、最湍急的階段，勢將迎來另一個巔峰。這是譚肇卓所期待的，也是民建聯要深思的。

30 Gurung Anita Kumari

為少數族裔
搭建橋樑

▶ 民建聯

掃描二維碼觀看訪談

離鄉別井的滋味，只有過來人才能有更深刻的體會。從三千公里外的尼泊爾，來到香港這個人生地不熟的地方，對 Gurung Anita Kumari (Anita) 當年這個20出頭的異鄉人而言，充滿了挑戰，文化差異、語言不通，都是必須要面對和克服的難題。

但26年後的今天，香港已經成了她第二個家鄉，當初的那些挑戰已經成為昔日歷史的印記，作為民建聯少數族裔服務中心高級助理統籌主任，Anita把地區工作做得頭頭是道，為眾多的少數族裔和香港社會之間搭建了一條溝通的橋樑。

「我喜歡做社會服務工作，能幫到在香港的少數族裔，可以帶來滿足感。」一口流利的廣東話，Anita用行動證明了她對香港社會的融入。但要她用廣東話接受訪問的時候，她還是很靦腆的婉拒了。「我想用英文好些，廣東話有些詞語我怕表達不好。」

實際上，Anita會多種語言，尼泊爾話、英文、廣東話、印度話、烏都語，一點旁遮普語及一點點普通話，為了便於工作，她也為自己取了一個簡單而又易記的中文名──安妮她。

背井離鄉

Anita出生於尼泊爾，家庭生活條件並不富裕。1996年，Anita通過家人介紹認識了丈夫，他出生於香港，是一名建造業工人。於是Anita背井離鄉來到香港，並在這裡組建了自己的家庭，「這是其中一個原因，另外就是因為香港經濟很繁榮，我要來賺錢。」

初來乍到，語言不通成為Anita找工作遇到的最大障礙，為了生活，她像盲頭烏蠅一樣的工作，做過許多不同的工種，餐廳侍應、清潔工、跟單員、辦公室助理、甚至創業開髮廊……但沒有一份做得長久。直到她遇見了馬力（Malik Khan Muhammad），這個她人生中的「貴人」，一切才出現了顛覆性的改變。

　　她記得，是在2003年的一段時間，她出任油尖旺區議員馬力的助理，馬力是一名巴基斯坦裔的民建聯成員。這段期間的經歷，令Anita對地區工作有了了解，對少數族裔社區事務有了興趣，對民建聯也有了不錯的印象。

　　2005年，馬力告訴她，民建聯將成立一個少數族裔服務中心，為在香港的少數族裔人士提供服務，她可以去試試申請。

　　Anita遂向民建聯提交了申請，其後順利加入了民建聯。「能夠為社區服務，同時在工作中獲得滿足感，是我熱愛這份工作的重要原因。」但如果沒有馬力當日的提點，今天的 Anita 會在做什麼工作呢？

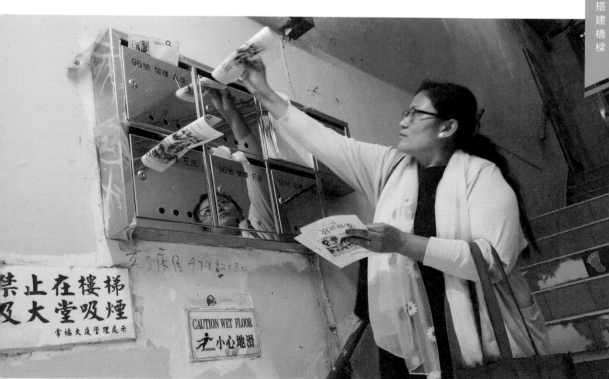

共存，共融

一直以來，香港這座自詡「多元包容共融」的國際化大都市，吸引了來自世界各地的少數族裔人士，這是一個龐大的族群，但他們在融入香港社會方面亟需支援。民建聯遂於2004年成立少數族裔委員會，並於2005年設立少數族裔服務中心，由4位全職職員持續跟進少數族裔事務。民建聯是第一個向少數族裔提供服務的政團。

Anita加入民建聯後，主要負責處理少數族裔人士面對的大大小小問題。十幾年間，她見到許多形形色色、與自己相同處境的少數族裔，也知道有許多家庭分隔兩地。「妻子在巴基斯坦生了孩子，但是丈夫在香港沒有工作，他們處境非常困難。他們處境非常困難。我們少數族裔服務中心為這妻子和新生兒申請到了簽證，令他們一家團聚。」

Anita說，個案中的丈夫由於是殘疾人士，難以提供資產證明，因此家人很難取得來香港的入境簽證。而Anita和民建聯少數族裔服務中心的夥伴便不厭其煩地去找社會福利署、入境處協商，最終得償所願。

「有很多類似的、很難完成的個案，我們都得到了一個令人滿意的結果。」

為了提高少數族裔的中文水平，使其更好地融入香港社會，民建聯少數族裔服務中心特別開設了一些針對兒童的廣東話班，教他們識漢字、講粵語。「廣東話班好多人有興趣，但一班不能收太多小朋友，最多8個人，可以開兩至三班。」

此外，在促進少數族裔共融方面，民建聯少數族裔委員會常舉辦民族共融歌舞活動，邀請不同少數族裔團體表演，亦有本地傳統特色的粵劇演出。「這麼多年來，有兩三萬人參與了這些活動。」

困難重重

特區政府2019年的數字顯示，撇除39萬外籍家庭傭工後，有逾26萬少數族裔在香港生活，其中三成是南亞裔人士（包括印度、巴基斯坦及尼泊爾裔）。Anita說，和她剛來香港時一樣，少數族裔在香港面對的最大困難是語言、居住和工作。

「我們向政府反映過這些問題，政府也有一點改變了，有部分少數族裔可以做警察、機場大使等，但依然不足夠。有很多少數族裔在香港成長，在香港畢業，即使他們有高學歷，但也很難找到其他公務員的職位。」言語間流露出的是一種無奈，同樣是香港人，只不過是膚色不同而已，為什麼少數族裔就要受到這種「特殊對待」？

2020年起爆發的新冠疫情，令在港的少數族裔居民的生活更是舉步維艱。「疫情令許多人的生活都受到影響，特別是在交通、收入還有居住環境方面。」

Anita觀察到，不少少數族裔在疫情下喪失親人，要返回家鄉，之後就回不了香港工作，但他們仍需要繳付香港居所的高昂租金。「這段時間裏他們就有兩筆開銷，他們在家鄉要花錢，但是還得繼續支付香港的帳單和房租。因為害怕會失去現在租賃的房子。」在開始的幾個月，許多人還能找親友借錢應急，但由於疫情持續嚴峻，令他們愈加入不敷支。

另外就是少數族裔的工作問題。「許多餐飲、酒店從業人員都失去了他們的工作，包括我的朋友，失去了原先在酒店的工作。一些人持續失業，年輕一點的人還好，可以找到替代的工作，比如清潔工，但他們的生活很艱難。年老一批更慘，他們因為語言、年齡問題，不能找到新工作，而且他們也沒資格拿失業津貼或老年津貼。」

「很多人跟我說，沒事，我會找到新的工作，但是一個月一個月過去，也沒能找到工作，但房租卻每個月也在交。」

在疫情期間，為了解決少數族裔面臨的就業難題，Anita 建立了一些WhatsApp群組，向他們即時提供招聘資訊，希望可以幫到他們。

為了促進少數族裔對新冠疫苗的認知，及鼓勵他們接種，少數族裔服務中心使用了5種語言製作海報進行宣傳，包括英文、孟加拉文、尼泊爾文、印度文、烏都文。疫情至今，中心向少數族裔派出了超過五萬個口罩。

Anita說，「真的什麼方法都做過了。能幫的我們都盡全力去幫。」

助少數族裔發聲

目前，民建聯共有822位少數族裔會員，分別來自尼泊爾、巴基斯坦、印度、菲律賓、斯里蘭卡、印尼、泰國、孟加拉等地，是香港擁有最多少數族裔會員的政團。

今年是民建聯少數族裔服務中心成立第17年，陪伴該中心成長的Anita對於民建聯有了另一層的認識。她說，民建聯是一個包容性強、十分開放多元的政團，透過民建聯，她認識了許多來自不同國家，卻擁有相同經歷的人。更重要的是，民建聯提供了一個很好的平台，令她能夠服務自己的同胞，並真正幫助到他們。

Anita表示，在香港生活的少數族裔群體大多為基層人士，未來少數族裔委員會的工作，要更聚焦於疫情後如何推動少數族裔在社區的發展，而少數族裔群體也需要更多發聲。作為千千萬萬在香港定居少數族裔的一員，Anita 道出了她的心聲。

「我差不多5年沒有回尼泊爾了，特別在這種情況下，回不去。」低頭思故鄉的那種淡淡哀愁，在Anita心間揮之不去。